運がよくなる　月の習慣、太陽の習慣

もっともっと成功できる91の生き方術

松永修岳

GENTOSHA

はじめに

人は昔から験担《げんかつ》ぎや神頼みなど、いろいろな手段で運をよくしようと努力してきました。現代では、こうしたものは迷信だと思っている方が多いのではないでしょうか。

しかし、運をよくする方法は確実にあります。

私がつくりだしたラックマネージメントという技法です。

現代は、不透明で不確かな時代です。運がよくなければ、努力しても結果が出るとは限りません。

もし今、自分は運がよくない、幸せではないと感じているのなら、不運な状態を取りのぞくマネージメントをしましょう。そうすれば運は、必ず好転します。

運は、あなたの思ったとおりに管理できる。

そのことをまず、知っていただきたいと思います。

運がいい状態とは、自分にとって好ましい状態のことです。望むことを満足に行えて、いやなものを身の回りに近づけず、思いどおりに人生をコントロールできる。そんな状態を「運がいい」と言います。

運がいい状態はたまたまだと思っていませんか？　そんなことはありません。運は、あなたの行動次第で引き寄せることができます。

学歴や家柄ではなく、運のいい状態をつくることに長《た》けている人のほうが、ビジネスでも大きく成功します。

ビル・ゲイツもウォーレン・バフェットも、世界の著名な資産家たちはみんな、経営戦略の才能はもとより「運のいい」状態を自分でコントロールする天才なのです。

これから本書で、その方法をひとつずつ説いていこうと思います。

私は学生だった19歳のころから運命学の研究に打ち込みました。運命学を修めた後は山にこもり、千日回峰行《せんにちかいほうぎょう》など幾多の荒行を重ねてきました。

現在は脳科学、心理学、環境科学と風水を融合した「風水環境科学」、運命学と科学を統合して独自につくり上げた運の管理法「ラックマネージメント」を提唱して、多くの方々に開運のアドバイスをさしあげています。

その中には、人気が急上昇した有名人や、好成績を上げたスポーツ選手、ビジネスを大きく成長させた経営者の方々もいます。私の「運のコンサルティング」が、微力ながら役立ったようです。

運は誰にでもマネージメントできるものです。株や資産の運用のように数学的知識は必要ありません。あなたの心と行動を「運のいい」状態に保つだけでよいのです。験担ぎや神頼みとはまったく違います。理論に基づいた実践的な運のマネージメントが、相談者たちに幸せを呼び寄せたのです。


本書では、運を呼び込むための簡単ですぐに実践できる習慣術をご紹介します。とくに月の力で心身を浄化する夜の習慣と、太陽の力を身体に取り込む朝の習慣はもっとも強力です。

運は、天体の動きと深い関係があります。例えば、太陽と月と地球が一直線に並ぶ日食や月食のときに、人間の隠れた力は最大限に目覚めます。こうした天体の力を利用することで運命の扉が開き、どんな人も、自分の想いを実現することができるのです。

月はあなたの心身を清めて隠れた力を引き出し、太陽は素晴らしい運氣をもたらしてくれます。夜の月が最初で、その次が朝の太陽なのです。このことは本編の中でも説明していきます。

他にも本書で紹介していく習慣術は、どれもシンプルで、お金はかからず、実行にうつしやすいものばかりです。

そんなに簡単でいいの？　と思われるかもしれませんが、劇的な効果にきっと驚かれるはずです。

私が説いているのは、脳科学や心理学の知見も取り入れた「運を磨く戦略」です。単なる気休めではありません。必ず、いい運があなたに巡ってきます。

運を味方につけ、あなたの人生がより素敵に輝くことを、そして社会全体に幸せが広がっていくことを願っています。

運がよくなる 月の習慣、太陽の習慣
もっともっと成功できる91の生き方術 ―― 目次

2章 太陽のパワーを浴びる10の朝習慣

3章 なぜかお金に愛される人の12の習慣

4章 幸せな家をつくる8の習慣

5章 面白いほど仕事運がアップする13の習慣

6章 人脈がどんどん広がる12の習慣

7章 不運とサヨナラする10の習慣

8章

幸運体質をつくる14の習慣

9章 運は管理できる

装丁／石間淳　カバーイラスト・本文イラスト／増島加奈美
本文デザイン・DTP／美創　編集協力／浅野智哉

1章☆☆☆☆☆☆☆☆☆☆☆☆

月の女神を味方にする12の夜習慣

01

運がいい人の一日は夜から始まる

長年、運を研究し続けて気づいたことがあります。

運のいい人たちはみんな、一日を夜から始めているのです。

一般的に一日のスタートは朝だと考えられています。ところが運命学の視点で見た場合、正しい24時間の巡りは「朝から朝」ではなく、「夜から夜」なのです。

夜が一日の始点です。そして朝日とともにいい氣を自分に取り込めるよう、準備をする時間なのです。

そう考えて活動している人は、普通の人とは違う時間の使い方をしています。

「明日の持ち物」「明日着る服」「明日履く靴」は、今夜のうちに決めておきましょう。

これは、未来のための準備をする訓練です。

小さなことでもこうした具体的な準備をしておくことが、未来を強く生きる上でどれだけ助けになるのか、実行するうちに大いに実感できることでしょう。

出かける準備を夜のうちに済ませて、朝の迷いをひとつ消すだけで、運のいい状態をつくりだせます。

もちろん、朝起きて「他の服が着たい」と思ったら、変更してOK。周到な準備と、直感によるひらめき、人生にはどちらも必要です。

☆明日着る服は、寝る前に決めておく

02

掃除を夜に済ませると招運できる

運は大事なお客様。お招きする以上、自宅やオフィスを常に清潔にしておくことは絶対に欠かせない習慣です。

しかし、ついつい玄関掃除や皿洗いを面倒がって、「明日の朝、やればいいか」と手をつけるのを先延ばしにしていませんか？

朝一番に前日の後始末をするようでは、日の出とともにやってきたせっかくの運氣を逃してしまいます。

夜のうちに玄関をきれいに掃除して、盛り塩の用意もしておきましょう。

盛り塩は家に悪い氣が入ってくるのを防いでくれます。

白い小皿に天然塩を盛ればＯＫです。１週間程度で新しい塩に替えます。

朝に用意をするのでは間に合いません。氣が不活発な夜のうちに、盛り塩をしておきましょう。

仕事の前に準備をしなくては作業に取りかかれないように、運を招くにも準備が必要なのです。

掃除や後片づけは、その日の夜に終わらせましょう。

☆夜のうちに玄関をきれいに清めて、盛り塩を用意する

03

新しいことを始めるのは満月とともに

満月は満ちる月と書きます。

文字どおり、すべての氣が満ちている状態にあります。

何かを新しく始めたり、意欲的に物事に臨《のぞ》んだりするのにとても適した時機です。

少しぐらい自信がなくても、氣があなたのチャレンジを後押ししてくれます。

月は人の身体と深くつながっています。細胞レベルで、人は月の影響を受けているのです。

満月の日は引力が強まります。満月の夜に出産が多いのはよく知られた事実です。

医療の現場でいえば、満月の夜にはなるべく外科手術を避けたほうがよく、それは出血しやすくなるからです。

引力の強い満月の夜は、他人への感謝や成功のビジョンなど、あなたが膨らませたいものをイメージしてください。満月の氣が、きっと実現させてくれるでしょう。

その反対に、新月には過去を終わらせる力、悪縁を断つ力があります。

例えば仕事上の取引を中止したり、恋人との別れ話をしたりするのに適しています。

ネガティブな話しあいであっても、新月の力が手助けしてくれます。

新しいスタートは、満月の3日前から満月の日にかけて。

過去に終わりを告げるのは、新月の3日前から新月の日にかけて。

そうすることで運の恩恵を受けることができます。

毎晩、月を見つめて月の氣を感じてください。「月とつながる」「月を感じる」ことで、ツキを得る幸運体質ができていきます。

月の氣のシャワーを浴びることが大切なのです。

☆過去を終わらせるのは新月とともに

04

満月の日は居酒屋に近づかない

満月の夜はよい氣が満ちています。運をよくする絶好のチャンスです。

そんな夜に、おかしな場所を訪ねてはいけません。

例えば騒々しい居酒屋や、タバコの煙に会社の愚痴でいっぱいのバー。

カジノやパチンコなどのギャンブル場は論外です。お金が欲しいという、欲望が強い場の波動は、あなたの氣をひどく下げてしまいます。

付き合いで仕方なく、嫌いな人と一緒にいるのもよくありません。

それから、不特定多数の人が出入りして、ネガティブな感情が溜まっている場所には近寄らないほうがよいでしょう。

満月の夜にはきれいな氣の流れる場所にいるよう、心がけてください。

自宅でキャンドルを灯《とも》し、音楽を流して静かにくつろぐのが一番です。

出かける場合は実家や恋人の家など、気持ちが落ち着く場所を選びましょう。

また、森の中や広い公園など、満月の見える場所は氣も満ちているのでおすすめです。

ぼんやりするだけでもかまいませんが、できれば祈りを捧げるようにしてみましょう。家族の健康、仲間の成功、平和、周りの人たちみんなへの感謝。ポジティブな祈りで心を満たすのです。

すると満月の力があなたの中に流れ込み、あなたを手助けしてくれるでしょう。

☆満月の見える場所で、静かに祈りを捧げる

05

キャンドルの炎で自律神経を整え、運氣を上げる

夜、眠る前にはキャンドルの炎を見つめましょう。

炎には、脳の間脳《かんのう》という部分を揺さぶる力があります。間脳には、松果体《しょうかたい》や視床・視床下部、そして自律神経の中枢があります。欲望と悟りの中枢点でもあります。欲望と悟りは、別々ではなく同じところにあるのです。

欲望と悟りの間《はざま》を炎が揺さぶることで、自律神経が活性化され、正しい状態に整えられます。

また、炎には隠れた能力を目覚めさせる力もあります。中でも、言葉を使わずに思いを伝え合う能力が磨かれます。

それは特殊な能力ではありません。お母さんは言葉を使わなくても赤ちゃんの気持ちがわかったり、あなたも親しい友だちや恋人が黙っているときに相手の心の中を、ある程度予想したりできるはずです。誰もが持っているけれど、普段はあまり使って

いない能力なのです。

そういう能力が目覚めているとき、脳波はミッドα《アルファ》波という1秒間の振動数が10Hzの状態にあります。炎の周波数も10Hzなのです。炎は生き物が本来持っている能力のスイッチを、オンにしてくれます。

お風呂に入るときなど、電気の代わりにバスキャンドルを灯してみましょう。10Hzの小さな炎を見つめていると、脳は穏やかなα波を感じることができます。自律神経が整い、眠っていた能力が刺激されて、身体の中から活力が湧《わ》き上がってきます。

蛍光灯が氣を整えるのに向かない理由は、寒々とした冷たい光を放ち、氣を散らすからです。時代とともに白熱灯の使用頻度は下がっていますが、LED電球や蛍光灯を購入するときも必ず「電球色」を選びましょう。

☆温かみのある「電球色」で氣を整える

06

満月と炎と音楽で、最強の運をつくる

月を眺めていると、心が安らいでいきます。

こんなとき、側《そば》にあるといいのは、「炎」と「音楽」です。

炎はそれ自体がエネルギーです。鉄を溶かしたり、水を蒸気に変えたりする重要な力です。

物質を変化させるだけではありません。炎はあなた自身にも点火します。意識に火を点《つ》けて、変革を促します。

そこに音楽があればさらに効果的です。音楽の波動はとてもポジティブです。荒れた心を鎮めたり、逆に落ち込んだ心を奮い立たせたり、前向きに行動する手助けをしてくれます。炎は「火」、音楽は「水」を表し、これがひとつになることで「火水《かみ》」が現れるのです。

月と音楽の波動は共鳴します。クラシックの名作曲家たちの多くは、満月の夜に名

曲を書き残したと言われているほどです。

運氣が乱れていたり、落ちていると感じたときは、音楽の流れる部屋にキャンドルを置き、窓から月を静かに眺めましょう。

月・炎・音楽のバイブレーションが、あなたを深く、穏やかな状態にしてくれます。

満月の夜空と、好きなＣＤと、キャンドルをひとつ。

ほんの少しの工夫で、部屋はあなただけの最強のパワースポットになります。

☆好きなＣＤとキャンドルが、月のパワーを増してくれる

07

満月護摩は運を呼び込む究極の技術

満月の夜に私は毎月、満月護摩ライブを行っています。

燃えさかる護摩焚《だ》きの炎の前で、音楽と人と満月が一体化することで、自分にパワーを呼び込むためのライブです。

ライブのときに、私は満月護摩の炎を操り、コントロールしています。炎が細く高く、天へすーっと伸びてゆき、私の唱える真言に合わせて形を自在に変えていきます。

初めて見た人は、ガスバーナーで下から操作しているんじゃないか？　と疑ってしまうでしょう。しかし何の仕掛けもありません。

炎を空中に浮かばせたり、私の真言で入火（護摩木への点火）のときに炎を消したり、また灯したりもします。きちんとした密教の行を積んだ阿闍梨《あじゃり》にはそういう能力が身につくのです。

護摩の炎にはさまざまな科学的効果がありますが、もっとも重要なのは、炎によって体内の氣の流れを活性化し、人間の潜在意識に働きかけることです。

炎の周波数は10 Hzです。ミッドα波と同じ周波数を持つ、炎と満月の波動が合わさって、来場した人々の脳と意識を活性化します。

満月の夜は、左脳と右脳の機能が入れ替わると言われています。この夜はとくに間脳が揺さぶられるのです。揺さぶられた間脳を炎がさらに刺激することで、潜在意識がいっそう目覚めていきます。

燃えさかる炎には、じっと見つめることで停滞していた「氣」を体内に活発に循環させ、本人も気づいていない秘められた資質や能力、アイデアを開花させるパワーがあります。

護摩は、まさに「火事場のバカ力」を呼び覚ます究極の技術です。

満月の波動を受けて、音楽と調和しながら炎と一体になりましょう。そうすれば、眠っていた潜在意識が目を覚まし、運を呼び込み自己実現する力が高まっていきます。

☆護摩の炎が秘めた力を呼び覚ます

08

朝と夜、2度の入浴で氣の流れを整える

できればお風呂は1日2回、入りましょう。

夜はややぬるめのお湯、朝は熱めのお湯と、違う温度で入るのがコツです。

夜のお風呂は神経を緩めるために入ります。朝のお風呂は、神経を活発にするために入ります。

忙しかったり面倒だったりで、シャワーのみで済ませている方もいらっしゃるでしょうが、それではもったいないです。入浴は運をよくするチャンスなのです。

湯船に浸《つ》かることで身体の血流がよくなります。すると、疲れて淀《よど》んでいた氣が抜け、新しい活力の氣が入ってきます。肉体だけでなく、氣の新陳代謝です。

古いものと新しいものを入れ替えることで、運氣の流れをよくしましょう。

入浴中は充分リラックスしてください。アロマオイルやバスキャンドルを使うのもおすすめです。

ストレスは人間の脳や遺伝子に直接ダメージを与えます。中でも感情、衝動、気分などをつくりだす大脳辺縁系という箇所はストレスに弱いのです。そして、この大脳辺縁系とダイレクトにつながっているのが嗅覚です。

疲れているとき、アロマオイルなどのいい香りを嗅げば、直接、快感の癒しを脳に与えることができます。

セロトニンを分泌させると言われるラベンダーやベルガモットなら一石二鳥で、さらにおすすめです。

神経を休める入浴と、神経を活発にする入浴。上手に使い分けることで運を活性化することができ、毎日の習慣にすればさらに効果が上がります。

☆香りを上手に取り入れて、運氣の新陳代謝を

09

質のいいパジャマを、毎日取り替える

夜は、いい氣を充電する時間です。質のいい睡眠をたっぷり取ってください。そこで蓄えられた氣は、昼間に出力されます。快眠できる人は運の吸収力が高いのです。ベッドに入るときに、「運を充電するぞ！」という気持ちを持つと、よい眠りを招きます。

着るものにもこだわってください。パジャマにはお金をかけましょう。量販店でワゴン売りしているような安物のパジャマは、あまりよくありません。リッチに見えるものを選ぶこと。カッコよく見えるものがベストです。

睡眠中も、運氣をマネージメントする時間なのです。清潔でデザインのよいパジャマに運氣は貯まります。

パジャマは1週間分用意して、毎日取り替えましょう。人間は寝ている間、一晩でコップ1杯分以上の汗をかいています。パジャマは夜中に汗として出た、身体の情報と邪氣を吸い取っているのです。それを取り替えないということは、昨晩吸い取った情報と邪氣を着たまま眠ることになってしまいます。

シーツも毎晩取り替えるのが理想ですが、せめてパジャマだけでも毎晩取り替えるとよいでしょう。

「いい睡眠をくれてありがとう」と感謝をこめて洗濯すれば、氣を充電する力はさらに高くなります。

気をつけてほしいのは、窮屈なパジャマを着ないことです。締めつけ感のあるパジャマは氣の吸収を妨げ、運氣を下げます。

ゆったりとした、デザインのよい、気持ちが安らぐパジャマを選んでください。

☆パジャマは寝ている間に邪氣を吸い取ってくれる

10 病気のときは寝る場所を変えてみる

何だか調子が悪い。眠りも浅い。疲労が日に日に溜まっていく……。

そんなときには、思いきって寝る場所を変えてみましょう。

体調不良の原因は、いい眠りを得られていないせいということも考えられます。眠りの質が悪いなら、寝る場所によくないエネルギーが溜《た》まっているのです。

それまではくつろげる寝室であっても、持ち帰ってきた心配事が場に滞ったり、月の周期の巡りなどで、エネルギーが劣化していくこともあります。

いつでも寝室がもっともよく眠れる場所であるとは限らないのです。

快適な睡眠を得られる場所は移り変わることを覚えておいてください。

リビングや別の部屋に移れるなら、ぜひ試してみるとよいでしょう。ワンルームの部屋に住んでいる場合は、枕の位置を変えたり、ベッドの位置を変えたりと、ちょっとした変化でもＯＫです。

運をよくしたいと考えるとき、たいていの人は掃除や普段の人間関係など「目が覚めている」間のことばかり考えています。そうではなく「眠っている」間こそ、運をマネージメントする時間なのです。

眠っている間に、人の免疫力は高まっていきます。風邪やインフルエンザにかかると眠くなるのは、身体が免疫力を高めようと努力しているのです。食事以上に睡眠をしっかり取らないと、免疫力は弱り、身体に病気を呼び込みます。

起きている時間の過ごし方と同様、眠り方も重要です。

いい眠りを維持することで、運氣を上げ、免疫力の高い身体をつくりましょう。

☆枕の位置を変えるだけでも運氣は変わる

11

いいものを見てから眠ると運が育つ

夜は、心が喜ぶものを見てから眠りましょう。

大切な人の写真でも、好きな本でもいいのです。いい音楽を聴くのもおすすめです。寝る前に心を喜ばせてポジティブな氣を満たせば、運氣が上がり素晴らしい睡眠が取れます。

ただし、好きだとしても眠る前に怖いものを見たり読んだりするのは避けてください。ホラー映画などは厳禁です。心拍数が上がり、不安が膨らんで夢の質が悪くなってしまいます。夢見が悪いと、翌朝の運が下がります。

夜は一日の始まりなのです。始まりに、心が不安になるようなものを目にしてはいけません。嬉しい、楽しい気分で布団に入ることが大切です。

しかし、テレビなどの画面を見るのは避けたほうがよいです。

画面は光が強く、脳が刺激されて眠気が打ち消されてしまいます。せっかく身体は寝る態勢なのに、頭だけ冴えていたら氣のバランスが崩れてしまいます。

ベッドに入ってからテレビで深夜番組をだらだら見たり、スマートフォンでTwitterを長時間、読み続けたりするのはよくありません。

どうしても何か見たいなら、好きなアーティストのライブDVDがいいでしょう。好きな音楽と一緒にアーティストを見つめてうっとりすれば、心地よく眠りにつけるはずです。

寝る前は、なるべく新しい情報から離れることです。読みかけの小説を読んだり、日記をつけて一日を振り返ったりするのもいいと思います。

気分をむやみに昂揚《こうよう》させるものは、枕元には置かないほうがよろしいです。

☆眠る前のホラー映画は運を下げる

12

部屋を完全に暗くしてぐっすり眠る

眠るときは、光を遮断して真っ暗にしましょう。

電気が少し点いていないと寝られないという人もいますが、明かりがあると、自律神経は完全には休まりません。少しの光でも感知すると、脳は覚醒するようにできているのです。

脳の機能を休め、身体に氣を満たすためには暗闇が必要です。

とはいえ都会にお住まいの方だと、真っ暗闇をつくるのは難しいでしょう。

電気を消しても街灯や店の明かりがぼんやり入ってきます。カーテンを閉めても、うっすら明かりは漏れてきます。そもそも夜に東京の上空を見ると、深夜0時でもぼんやり明るいものです。街全体に明かりがあふれてしまっています。

またマンション暮らしだと、木造建築のように建物が呼吸しないので、睡眠の場所としてはあまりよくありません。

それでも、真っ暗にするだけで眠りの質はぐっと高まります。

アイマスクも効果はありますが、目元をしめつけたりするので慣れないと眠りを妨げます。

まずは、部屋に遮光カーテンを取りつけましょう。窓からの光を遮断できればだいぶ暗闇に近づけることができます。

さらに良質の眠りを求めるなら、思いきって木造建築に引っ越すのもひとつの方法です。木造の家は、建物全体が呼吸するので空気が循環し、心地よい眠りを与えてくれます。

田舎暮らしの人は、短い時間でも深く眠れるものです。東京のように街灯や余分な明かりがないからです。

☆遮光カーテンで暗闇を確保する

☆

松永修岳大阿闍梨のひとこと人生アドバイス 1

「今日が最後」と思って生きる

「いつ死ぬのか」は誰にもわからないこと。であるならば、今日が最後の日と思って、一日を生きてみましょう。

本当に好きな人に会いに行く、いつか行きたいと思っていた場所を訪れる、ずっと憧れていたものを手に入れる……。今まで理由をつけて先延ばしにしてきた未来を、思いきって引き寄せてみるのです。

自らが望む現在をつくりだし、手に入れることで、新しい未来がやってきます。

2章 ★★☆☆☆☆☆☆☆☆

太陽のパワーを浴びる10の朝習慣

01

朝日が昇って1時間以内に起きると強運体質に

運氣を上げていくためには、自然の法則にのっとった生活がとても大切です。

とくに睡眠と起床のタイミングは重要です。夜型の生活を続けると正常なホルモンの分泌が阻害され、脳力の低下を招いてしまいます。自然界の生命を育《はぐく》むエネルギーは太陽にあり、運氣向上のエネルギーも太陽からやってきます。

日没とともに眠るような理想の生活は現代人には難しいでしょうが、せめて夜は早めに床に就き、朝日が昇って1時間以内に起床するクセをつけましょう。

朝日が昇って1時間以内に外へ出て、日光を浴びることは、運を招くことに直結するのです。

外へ出て日が昇るさまを見つめることは、若々しさを保ち、健康な身体を維持するための秘訣です。自然と同じリズムに心身を置くことで、心が落ち着き、瞑想《めいそう》（P170）の起こりやすい状態に自らを置くことができるのです。

☆朝7時〜9時に窓を開け、幸運のドラゴンをお招きする

とくに朝の7時〜9時は「ドラゴンタイム」と呼ばれる時間帯です。季節によりますが、夜明けから2時間以内の時間は幸運をもたらすドラゴンを家にお迎えする時間なのです。この時間に窓を開けて換気をして、ドラゴンをお迎えしましょう。

どうしても強烈な運を味方につけたいときには、30日間、朝日とともに起きるようにします。春から夏にかけての時季なら比較的取り組みやすいはずです。

これは、ドラゴン体質（開運体質）を短期間でつくりだす方法です。

ドラゴンタイムの活性化した宇宙の氣を、自らの体内に取り入れるのです。自然の秩序が自らの中に取り入れられて、運を吸収できる体質になれます。

ただし、この方法で得られる強運は一過性のものです。一度発動したら、また地道に運を貯めていくようにしましょう。

02

二度寝は運氣が下がる

朝、目覚まし時計が鳴っても「まだ眠い……」。そんなとき、二度寝の誘惑に負けてはいけません。

朝はいい運氣が満ちている時間帯です。二度寝をしては、取り込めるはずの運氣を逃してしまいます。

目が覚めたら、まずはやる気の出る言葉を口に出してみましょう。目が覚めた瞬間にベッドの中で言うのがベストです。

「よし、やるぞ！」

「今日もいい日にするぞ！」

などの言葉です。

たとえ疲れが残っていたとしても、ポジティブな気持ちで言ってください。

言葉は口にすることで現実化します。言霊《ことだま》という表現があるように、大きく声に出した言葉は、実現していく性質があるのです。朝のみずみずしい氣は、言葉が現実になる力をさらに後押しします。

やる気の出る言葉で元気を出したら、次はベッドから出て顔を洗って、顔をパンパンとはたきましょう。

化粧水やスチーマーなどで顔のケアをしながら、手のひらでパンパンと顔をたたくと顔色がよくなります。

これは女性に限らず、男性にも取り入れていただきたい習慣です。朝から顔色の悪い人に運のいい人はいないのです。

女性であれば、さらにチークをつけるのもいいでしょう。

他人から、「あの人は朝からいつも元気そうだな」と思われることが大切です。

いきおいのある顔で出かけることで、運氣を引き寄せることができるのです。

☆ 朝から顔色の悪い人に、運のいい人はいない

03

寝起きに1杯の白湯を飲む

冷え性に悩まされている女性は、とても多いです。そもそも女性は身体が冷えやすいのです。

身体が冷えると血行が悪くなり、氣の巡りも悪くなります。

「冷えは万病の元」と言われるとおり、健康で強い心身のためには、まず身体を温める必要があります。

身体が冷えると、心も冷えてしまいます。

プラスにものを考えられずマイナス思考になりがちです。

すると身体の具合も悪くなり、不運のスパイラルに引き込まれてしまいます。

身体を温めてくれるショウガやネギ、ニンニクといった食材を使った料理や、おかゆ、玉子酒などの病人食をすすんで摂《と》るのも◎。

一方、寒い時季に夏野菜を摂ることは身体を冷やしてしまうので、避けたほうがよいでしょう。

そして隠れたおすすめは「寝起きに1杯の白湯」です。胃腸に負担をかけずに、素早く身体を温めてくれます。

運がよくないときは、心身ともに冷えているときです。身体と心、どちらも温める工夫をしましょう。

☆身体を温める食材で、不運と万病を退ける

04

靴を毎日取り替える

足の形にフィットした、履きなれた靴。歩きやすいからといって、毎日同じ靴を履いていませんか？

靴は毎日取り替えましょう。理想は、月曜日から金曜日まで5足そろえることです。デザインが気に入っているのなら、同じデザインで5足そろえてもかまいません。

靴にも運氣があるのです。1日履いたら休ませてあげないと、靴が文句を言いだします。そういう靴を履いていると足が元気になりません。

同じように、腕時計も5つそろえるとよいでしょう。

毎日同じ時計をしていると、次第に時間への関心が薄れてルーズになってきてしまいます。

値段の高い時計でなくてもよいのですが、自分の気分が上がるような、おしゃれなものを選ぶことが大切です。

☆選ばなかったアイテムは休ませ、運を充電する

私のクライアントを見ていても、時計を集めることが好きな人は気分転換の上手な人が多いようです。

時計や靴は、毎日をともに過ごしてくれる相棒のような存在です。その日の予定や目的に合わせて選ぶことで気分を変え、選ばなかったアイテムはしっかり休息させて運氣を取り戻してもらうようにしましょう。

05

プライベートと仕事の服は別々にする

「スーパークールビズ」など、世間ではカジュアルダウンの傾向にありますが、普段着は「氣の抜け」をそのまま表してしまいます。

仕事のときとプライベートのときの服装は分けてください。仕事をしているときの緊張した氣と、プライベートの緩んだ氣を一緒にすると氣の流れが乱れ、悪い運が寄ってきます。

最近は会社まで自転車通勤をしたり、ランニングをしてから通勤したりする方も増えました。

そういう方は会社で着替えていらっしゃるのだと思いますが、実はこれは賢い方法です。仕事とプライベートをきちっと切り替えて、自分を仕事モードに導くやり方なのです。

女性であれば、会社まで歩きやすい靴で通勤して、会社に着いたらヒールのある靴に履き替えるのもいいでしょう。

逆に、会社内では健康サンダルを履いてリラックスするというのはおすすめできません。仕事に集中しづらくなっている可能性があります。

仕事の時間は、男性はしっかりと、濃い色のスーツにネクタイを着けましょう。

女性もなるべくジャケットを着て、さらに白・ピンクなどをアクセントに選ぶと、透明感や優しさが加わります。

☆社内での健康サンダルは仕事運を遠ざける

06

早朝の運動で「幸運脳」をつくる

幸運とは、実は苦痛と隣り合わせのものです。そのため、幸運状態を脳にインストールするには、早朝のジョギングや足ツボマッサージ、鍼《はり》やお灸、ヨガのストレッチなどがおすすめです。

身体に刺激を与え、痛キモチイイ感覚をシミュレーションすることで、テンションが上がり、幸運を強く感じられるようになります。

人間の五感を強く刺激することであれば、他にも方法はいろいろとあるものです。熱いサウナ&冷たい水風呂や、激辛カレーにさえ、幸運脳をつくりだすパワーが秘められています。

とくに早朝の運動はおすすめです。朝はいい氣が満ちて脳が活性化しています。

世界のトップビジネスパーソンは、ほとんどが朝型の生活をしています。

朝7時には家を出て、ジムで汗を流し、一番早く出社して仕事を始めます。早朝の運動で幸運脳をつくりだしているので、いい仕事ができるのです。

朝早くから活動すると、トクすることばかりです。脳が冴えているのでミスは少ないし、朝早くから動くことでライバルにも差をつけられます。

昨夜送ったメールに朝8時に返事をくれる相手と、昼の3時に返信してくる相手と、あなたならどちらを「仕事ができる相手だ」と評価しますか？

朝早く活動するのは、幸運脳をつくるだけでなく、ビジネスにおいて勝ち抜く方法でもあるのです。

☆朝のジョギングや激辛カレー、「痛キモチイイ」が幸運を呼ぶ

07

朝にふさわしい香りはお香

朝、部屋に漂わせるのはお香がおすすめです。お香はマイナスイオンを出してくれます。リビングか玄関で焚《た》くと、注意深さや冷静さをまとうことができます。

女性は、朝のお香や、夜のアロマオイルなどの自然な香りが衣服から漂うぐらいが、身にまとうものとしてもちょうどいいでしょう。

男性は整髪料などを無香料のものに変え、質のよい香水を少量使うようにすると、洗練されたスマートさが漂います。

香水の香りが強い方がいますが、これは自分を印象づける上で逆効果です。「この香り、何だろう?」というくらい控えめなほうが、他人の印象に残ります。

☆うっすらと香りをまとえば人脈運アップ

08

運氣アップには海外のニュースをチェック

忙しい朝の時間、出かける準備をしながらも最新の情報を知ることができるテレビは便利なものです。しかし、見る番組は厳選しましょう。朝はできるだけ視野を広げる努力をするべきです。それが脳を活性化して、運氣を上げてくれます。

おすすめは海外のニュース番組です。例えばＮＨＫのＢＳ１では、アメリカ、イギリス、中国など各国の報道機関が作成したニュース番組を順番に紹介する「ワールドWave」という番組があります（２０１３年７月現在）。こうした番組で世界の現状を知ることによって、大きな視野を持って一日の仕事を進めることが可能になるのです。

☆朝はグローバルな視野から物事を見つめてみる

09

指輪のつけ方で運氣をコントロールする

朝、出かける前にはアクセサリーをつけましょう。指輪やブレスレットは運を招く便利なアイテムです。好きなデザインのものを身につけていると、氣が上がり、運が引き寄せられやすくなります。

氣のエネルギーは左手から入り、右手から放出される法則があります。右手はやる気と行動力の源。夢の実現のために使う手です。パワーストーンのブレスレットなどは、氣をもらう力のある石を左手、氣を浄化する力のある石を右手につけるようにしましょう。

次に、幸運を招く指輪のつけ方を紹介します。運をよくするには3つの指を使い分けるのが効果的です。

一番強い指は人差し指。方向を決める指です。人差し指に指輪をすると、あなたの夢や目標のプラスになる氣と共鳴して、実現へと導きます。恋愛ではいい出会いが訪れ、仕事ではリーダーシップの力が膨らみます。

中指は直感、インスピレーションを高める指です。運の流れを変えたいときや、判断に迷ったときにインスピレーションをもたらします。

薬指は創造性、クリエイティブな力を高める指です。感性を豊かにして、自分らしさを表現する力をもたらします。

金色（ゴールド）が氣を集めるのに対して、銀色（シルバー）にはその人の価値を高める効果があります。指輪・ネックレスは、純度の高い銀やプラチナを身につけてみましょう。普段アクセサリーをつける習慣がない、という男性は、ネクタイピンやカフスに取り入れる方法も効果的です。

アクセサリーの金属は、つや消しではなく、光り輝くタイプを選んでください。つや消しタイプは、せっかく近寄ってきた運をやや曇らせます。

よく磨くことも大切です。傷がついたらすぐにケアしましょう。

☆アクセサリーはつやのある、光り輝くものを選ぶ

10
人と会うなら飲み会よりモーニング

なにかと忙しくて、「夜食を買いにコンビニへ」が習慣になっている人も多いのではないでしょうか。

しかし、夜中に煌々《こうこう》と光るコンビニの明かりは、実は開運の障害物です。

人を瞑想に導く月の光は1ルクス、キャンドルの光は10ルクス。家庭の照明は100ルクス程度が理想です。ところがコンビニの夜間の照明は平均で1000ルクスと、明るすぎます。あなたの直感力を萎《な》えさせてしまうのです。

また、深夜の食事は運氣を下げます。お腹《なか》が満たされるとエネルギーが湧いてきますが、寝なくてはいけない時間帯に無駄なエネルギーが湧いていると、自律神経が乱れてしまうのです。

夜は、自分を見つめたり、内面を育ててパワーを充電したりする活動にあてるべき時間なのです。

夜遅くの打ち合わせもなるべく避けましょう。あなたの運を奪います。

もし、夜遅くに会おうと言われたら、「そんなに大事な話なら、朝7時に会いましょう」と提案してください。断られたらそれまでです。「いいですね！」という人は運氣が強い人です。積極的に今後も付き合ってください。

私は、経営者のクライアントの方などとしばしばモーニングをご一緒します。朝7時に一流ホテルのラウンジで待ち合わせると、夜中に会うよりもずっと深く、意義のある話ができるのです。

朝のいい氣が満ちている時間に、運のいい人と会い、美味《おい》しいモーニングを一緒に食べれば、運は何倍にもよくなります。

☆夜中のコンビニは不運の元凶。近寄らないのがベター

☆

松永修岳大阿闍梨のひとこと人生アドバイス

2

「いずれ別れる」と思って見つめる

家族や恋人、子ども……。身近で大切な人を、「いずれ別れるときが来る」と思って見つめてみましょう。

愛する人をそんな気持ちで見つめるなんて！　と思うかもしれません。しかし、彼らとも必ずいつか別れる宿命です。今している何気ない会話やふれあいも、いずれ永遠にできなくなるのです。

そのことに思い至れば、ともに生きられる現在が、いかに幸福なものであるか気づくことができるはず。「一緒にいられるのは今だけ」という気づきは、あなたの魂から素直な愛を引き出すでしょう。

3章 ☆☆☆☆☆☆☆☆☆

なぜかお金に愛される人の12の習慣

01

長財布に小銭を入れる人は惜しい

お金の流れが悪くなると表情が暗くなり、姿勢まで悪くなります。

他人に「何だか雰囲気の暗い人」という印象を与えないためにも、古びた財布は思いきって新しいものに買い換えましょう。

財布は「お金の家」です。くたびれてほころびた財布には誰も住みたがりません。

お金に好かれる財布のポイントは3つです。

1. お札が曲がらない長財布
2. 小銭は一緒に入れない
3. 光沢のある材質

二つ折りの財布はお札を折ってしまうので、貨幣の氣を下げます。お札を渡される方も、曲がっているお札はあまり嬉しくないでしょう。

また、お札と小銭ではお金のランクが違います。ランクの違うものをひとつにしていると、氣が乱れます。小銭は別の小銭入れに入れて持ち歩きましょう。

光沢のある材質も大切です。お金も氣も、光っているところに集まります。光沢感のある財布は高級感が漂い、お金を外から引き寄せる力があります。クロコダイルのエナメルなどは、もっともお金と氣を引き寄せます。

財布の色も重要です。イエローの財布は金運を上げると言いますが、やや軽薄な印象があり、品格も低くなります。ゴールドは上昇のパワーをもたらします。シルバーはスキルアップの力を、ブラックは強い自信と勇気を与えてくれます。

ブランド品でなくてもいいのです。お金にとってリッチ感があり、居心地のよさそうな財布を選んでください。

☆エナメル素材で黒やゴールドの長財布は最強

02

お金持ちとそうでない人の差は玄関にある

私は風水環境科学の専門家として家の運氣を見るとき、どこよりも玄関を重要視しています。

これまで1万軒を超える住宅やオフィスを鑑定しました。その結果、運のいい人と悪い人は、玄関の状態ではっきり分けられます。

病気の人や経済的に苦しい人の家の玄関は、例外なく散らかっています。一方、お金持ちで、住んでいる人が幸せに暮らしている家は、必ず整理・整頓され、掃除が行き届いています。

家のすべての運氣の出入り口である玄関が片づいていない人は、運を迎える準備が整っていないのです。

掃き掃除は、毎日やりましょう。週に1度は床も拭《ふ》き掃除をするとベストです。

玄関灯は蛍光灯より、暖色系のＬＥＤライトがおすすめです。

傘立てと、あまり履かない靴は見えないように片づけましょう。扉がない収納棚はなるべく避けてください。

いやな臭いのするものは排除するようにしましょう。消臭をしつつ、レモンやグレープフルーツなど柑橘系のアロマキャンドルを焚くと、玄関の氣は上がります。

お気に入りの写真を飾ったり、水晶や観葉植物、好きなぬいぐるみなどを置くのもよいと思います。また、半身が映せる程度の大きな鏡は、氣の流れを促すのでスペースがあれば置いてください。

逆に、ドライフラワーは枯れた氣を出すので置いてはいけません。トゲのある植物も殺氣を出すので避けましょう。

あまり物を多く置かずに、整理・整頓・清潔を心がけることが何より大切です。

☆玄関は毎日掃き掃除、週に1度は水拭きを

03

トイレ掃除は金運に効果テキメン

トイレは金運の巡りに大きく影響する場所です。こまめに手をかけてください。体内の悪い氣をデトックスする場所で、身体でいえば、毒素を外に出す腎臓と同じ機能を持っています。

水回りは悪い氣を吸収して、浄化する作用があるのです。そこが汚れていたら、邪氣が溜まり、住んでいる人の氣も停滞してしまいます。

最近、ツイてないな……と思ったら、家のトイレを見てみてください。きっと汚れているか、いやな臭いがするはずです。

便器から床まで、きれいに掃除してみましょう。

すると必ず、運が上向いてきます。

トイレを居心地のいい場所にしておくことも大切です。こまめな換気を心がけてください。家族で使うトイレの場合、前に使用した人の臭いが情報になって残っています。他人の情報を吸って、取り込んでしまうのはよくありません。

悪臭の元は換気扇で外へ出し、アロマポットなどでいい香りを漂わせるのが効果的です。

狭いトイレは、鏡を置いたりして、広く見せることで圧迫感が減ります。

お腹が弱かったり、便秘気味だったりする人は色を意識してみましょう。

便秘がちの人は刺激を与えるワインレッド、オレンジなど暖色系の色を。お腹を下しやすい人はパープル、ブルーなど寒色系の色を、便座カバーなどに取り入れてください。

ただし、寒色系は身体が寒く感じるので、あまり全体に使いすぎないように注意しましょう。

☆便秘には暖色系、下しがちなら寒色系のアイテムを

04

バスルームにこそお金と手間をかける

「お客さんが来るから……」とリビングばかり豪華にして、狭い湯船に洗面器ひとつの殺風景なお風呂場になっていませんか？

風呂場は自宅のヒーリングスペースです。体内の毒素を排出して、心の疲れを取りのぞいてくれます。

トイレと同じ水回りで、金運と深く関係している場所ですから、お風呂にこそお金をかけてきちんと管理しましょう。

一番こだわってほしいのは、くつろげる場所にすることです。清潔なお湯に浸かって、ゆっくりくつろげるように、掃除や換気をいつも心がけてください。

バスルームは身体を温め、休める場所です。ブルーやホワイトなどの寒色系のものを置くのは避けましょう。寒々しい色は体感温度を下げます。

古い家の場合、ステンレス製の浴槽が使われていることがありますが、これもよくありません。銀色の浴槽に氣が反射して、あまり落ち着きません。また洗い場のない狭いユニットバスもストレスになり運氣を下げるので避けましょう。暖色系の壁で、湯船に肩まで浸かって手足を伸ばせるお風呂が最適です。目指すのは高級リゾートホテルのバスルームです。生活感をできるだけ排除しましょう。

カミソリや歯ブラシを無造作に置きっぱなしにしていませんか？　すぐに片づけましょう。掃除グッズも、見えないところにしまってください。

入浴を、日常から離れた特別な時間としてプロデュースしましょう。照明を少し落として、入浴剤を使い、湯船にバスキャンドルを浮かべてください。そこはあなただけの高級リゾートのバスルーム。脳がリラックスして運氣が上がり、普段より創造力が働き、新しいアイデアや商談のイメージトレーニングなど、今までにないような発想が浮かびます。

☆照明を落として、バスキャンドルを灯してみる

05

ギャンブルを好むと不運な人になる

ある調査によると、パチンコや競馬などのギャンブルにお金をつぎ込む人は下流層に多いという結果が明確に出ています。今の状況が苦しく不運だから、一発逆転を夢見てギャンブルにハマってしまうのです。

また、資産を持ちながら賭け事を好む人は、家庭に問題があったり、夫婦仲があまりよくなかったり、不幸を抱えている人が多いのです。

ギャンブルがもたらす幸運は一時的な偶然にすぎず、運氣を練り上げて辿《たど》り着く真の幸運からは程遠いものです。本当に「運のいい人」はゲームとして楽しむだけで、決してギャンブルにのめり込むことはありません。

☆ 一瞬の幸運に、運を無駄遣いしない

06

儲かったら、まずは健康のためにお金を使う

金運がよくなってきてお金を得たら、欲しいものを買うよりも、まずは身体のために使うべきです。

健康によい、旬のものを使った料理を食べましょう。

他にもリゾートホテルに泊まってプールで泳いだり、少し高い会員制のジムに入会してトレーニングしたり、地方の温泉に出かけて身体を休めるのもおすすめです。

いい運は、健康な身体に寄ってきます。運をお迎えする身体をつくるという意識で、自分の健康にお金を投資しましょう。

☆いい運は健康な身体に集まる

07

ケチな人は金運が育たない

お金持ちは、ケチで貯金が得意だからお金持ちになれたと思っていませんか？

そうではありません。お金を循環させるのが上手だから、経済力も高いのです。

お金とは循環するものです。お金がいつも回っている社会が健全であり、どこかで溜まっていると、景気は悪くなります。

個人のお金も同じ仕組みです。使わない人はお金が停滞状態となり、金運が巡ってきません。

金運がいいという状態は、ただ預金残高が増えることではありません。入ったお金を使い、そのおかげで誰かが喜び、もっと大きなお金が入ってくる状態のことです。

お金を使ってしまって手元になくなっても、それは一時的なものととらえましょう。

世の中には、無尽蔵にお金が流れています。今あなたの手元にあるお金は、その一部を預かっているだけです。世の中には、あなたのもとに流れてくる可能性のあるお金が、山のようにあると考えてください。

運は氣の流れです。流れが停滞すれば、運も尽きます。

お金も同じです。お金が少ないとき、入ってこない状態が続いているときこそ、思いきって使ってみましょう。

ただし、ギャンブルに浪費したり、分不相応なブランド品を無理して買ったりというのでは意味がありません。

自分の成長に役立つ何か、例えばセミナーに参加したり、評判のいい本を買ったりするのがおすすめです。

☆金は天下の回りもの。流れを止めたら入ってこない

08

年収が3倍以上の人と付き合う

日常生活に使うレベルのお金の運を「金運」と呼びますが、不動産を買うレベルの大きなお金の運は「財運」と呼びます。ここでは「財運」の育て方を教えましょう。

無駄遣いをしない。ギャンブルをしない。借金をなるべくしない。リターンが期待できないものには投資しない。これが基本です。

もっとも効果があるのは、「財脈」がある人と付き合うことです。財脈のある人とは、情熱的で社会的に成功している、現役の人です。資産が何億円あっても、親族から相続しただけで実際は働いていない人などは、財脈のある人とは言えません。お金持ちより、エネルギッシュな財脈家を見つけましょう。

豊かな財脈のある人の真の魅力は、人脈です。影響力のある権力者や、業界の有力者とつながっていて、あなたのビジネスや人間関係にレバレッジをかけてくれます。財脈のある人と知り合えれば、あなたもその人の、人脈の一端に連なります。それは運をいい方向へ変える、大きなきっかけとなります。

財脈のある人とつながるために、今後は、年収が自分の3倍以上の人と付き合ってください。

年収が自分とそう変わらない人と一緒にいても、運はなかなか上がりません。年収の高い人を顧客にする努力をしたり、そういう人たちの集まる集会に、積極的に参加しましょう。

有料のビジネスセミナーや勉強会も効果的です。意識が高く、財脈の強い人たちと出会えるチャンスを自分で増やしましょう。

面識ができたら、ランチやディナーにあなたから招待してください。相手が喜ぶ時間を提供するのは、仲よくなる最短の方法です。

「この人といると楽しい」と感じてもらえたら、ツキは高まります。

☆財脈の強い人と知り合い、楽しんでもらう努力をする

09

借金がお金を呼ぶこともある

借金はしないに越したことはありません。

しかし、意外かもしれませんが、借金グセのある人にも金運があります。

本当に金運のない人には、貸してくれる人もいません。

ほんのちょっとでもお金を貸してくれる相手を持っているというのは、人脈があるからできることです。借金できるのは、金運が高い証拠とも言えます。

借金をしていると、お金が流れます。お金のエネルギーの循環が起きます。借金する人は少しのきっかけで、貸す側にも変われるのです。

方向が違うだけで、工夫と頑張りでお金持ちになれるのです。

このことは、一代で財を成した経営者を見ればわかります。

自己資金だけで会社をつくった人はほんの少数で、ほとんどは大変な借金を抱えて会社を興しています。その借金が金運の呼び水となって、事業を成功させたのです。

☆成功者はたいてい借金上手

借金上手は、金運アップの高等テクニックと言えます。当たり前ですが、きちんと借金を返すことが必要です。借りっぱなしでは人の信用をなくし、運氣を落とします。

10

日銭を稼ぐ仕事は金運が寄ってくる

金運を上げるためには、誰かに求められている、需要のある仕事をしましょう。つまり、すぐ収入と収益が見込める仕事です。

楽しくてやりがいはあるけれど、投資分を回収するのに何年かかるかわからない……という仕事は、金運を上げるのには役立ちません。

何ごとも短期決戦で臨む人を、金運は好みます。

建築の仕事にたとえると、ビル建設など数年後にしか全額を回収できない仕事ばかり抱えていると、金運に見放されやすい状態になります。

ビル建設は続けながら、短期で完成できる戸建ての仕事なども同時に引き受けるとよいでしょう。

日銭を確実に稼げる仕事をしている人に、金運はやってきます。

いま目の前で、何か困っている人はいませんか?

何かが足りない人はいませんか？
その人にしてあげられることを探せばいいのです。
他人から受け取る感謝は、強い金運に変わっていきます。

☆他人から感謝されるほど、あなたの金運は高まっていく

11

お金はキラキラしたものが大好き

お金は氣を持っています。氣が合って、氣を引かれる場所に、お金は流れていきます。

氣が合う場所とは、光っているところです。お金は、キラキラした輝きを放っている場所が大好きなのです。

例えば、社員が活気に満ちていて業績のいい会社、リッチな人たちが集まるお店などが、いい輝きを放っています。

一流のセレブはオーラのような輝きをまとっています。その輝きに寄せられて、お金になる事業や人脈がますます集まってくるのです。

景気のいいときは、人も世の中も明るく、キラキラと輝きます。かつて好況にあったころの日本は、お金が世界中から集まってきました。

暗くて淀んだ陰気な場所に、お金が集まってくる可能性はないのです。

お金に好かれるために、自分をキラキラとした存在にしましょう。
外見が華やかでも、内面の感性や人間性がくすんでいる人は輝いていません。
内面からキラキラと光があふれ出ている人に、お金は自然に引き寄せられます。

☆お金に好かれる人は、内面も外見も輝いている

12

お金を好きな人がお金に好かれる

お金が好きという気持ちは、いけないと思っていませんか？

お金は、好きになってもいいのです。

欲望を否定する人は運に嫌われます。

間違っても、「所詮お金なんて」と蔑《さげす》んではいけません。

お金は本来、ニュートラルなエネルギーです。とらえ方や使い方次第で、よくも悪くもなるのです。

お金には、思考と精神性があります。大事に上手に使う人、そして好奇心の強い人に引き寄せられます。

「食べていけるだけのお金があれば充分」という人もいますが、そういう人はお金が離れていき、一生貧乏な人生になってしまいます。

「愛があれば、お金はいらない」などという人も同様です。それはお金の愛を拒んでいる状態です。

愛が育つためにはお金が必要だと考えましょう。お金を好きになるのは、大切なことなのです。

社会的な成功者は、みんな大きな欲望を持っています。

社会に貢献して、人を幸せにしたいという欲望がみなぎっています。

強い欲望が社会の希望につながっているから、多くの人に支持されてお金も運も集まってくるのです。

誰かの幸せにつながるような欲望を持つことです。

そうすることで、お金はあなたに集まってくるでしょう。

☆お金と相思相愛の関係になろう

☆

松永修岳大阿闍梨のひとこと人生アドバイス 3

「逆境」こそ成功の力

そこに行けば苦労することが目に見えているような状況にこそ、すすんで飛び込んでいくべきです。そのときに味わう苦労や辛酸は、きつければきついほど、何よりもあなたの生きる力を高めてくれるでしょう。

「天は乗り越えられない試練は与えない」を合言葉に、逆境をあなたの内面と能力を鍛える砥石《といし》にしましょう。「乗り越えた」と思えたとき、それまでと違う世界が広がっていきます。

4章 ☆☆☆☆☆☆☆☆☆

幸せな家をつくる 8の習慣

01

家庭の人間関係を丸くする、円テーブル

運氣を上げるリビングづくりに手軽なのは、円形のテーブルを置くことです。家のリビングは、家族や友人と賑《にぎ》やかに楽しくくつろぐための空間です。円形のテーブルなら、家族みんなで座っても真正面で向き合うことがないので、対立する緊張感が生まれません。そのぶん横のつながりを強く感じられます。

また、円テーブルには偉い人の席がありません。家族で集まっても、その場に優劣も上下関係もなくなるのです。

家族の仲が良好な家庭に行くと、かなり高い確率でリビングに円形のテーブルが置いてあります。

丸みを帯びたものには、氣を円の中心に向かわせる力があります。同席した人たちの結束を強くする力があるので、家族団らんをつくりだし、家族の関係を丸くする効果があるのです。

一方で、長方形テーブルのほうが落ち着くという人もいるでしょう。その場合、角の鋭いテーブルはなるべく避けましょう。

丸みを帯びた、優しさを感じられるテーブルにしてください。

テーブルに花を飾ったり、パワーストーンを置いてみたりするのも効果的です。

☆長方形のテーブルでも、角が丸いものなら◎

02

リビングには宝物をひとつだけ飾る

リビングには、滑らかな手触りで思わず顔を埋《うず》めたくなるような素材感のクッションや、触るのが楽しみになるような天然の木の家具を置きましょう。

この「触りたくなる」というところがポイントで、五感のひとつ、触覚を心地よく刺激すると、「橋脳《きょうのう》」が活性化します。

橋脳は、感覚が入力される場所で、視野を広げて物事を視覚化してとらえる情報処理機能と言えます。橋脳を活性化するほど、情報処理のスピードと精度も上がるのです。

他にもリビングは、氣を動かして活性化してくれる、テレビやAV機器を置くのに適しています。

そして人の注目を集める自慢の家具や装飾品も、リビングに置くと幸福感がぐんとアップします。

すべてを高級品にする必要はありません。

たった一点、自分が頑張って手に入れた宝物を置きましょう。

逆に、やたらと安物を並べるのは考えものです。そこに生じる氣もチープなものになってしまいます。

また、リビングの湿度は40%から60%の間に保ちましょう。運氣を下げるカビが発生しにくく、静電気も起こりにくい、ちょうどいい湿度です。

冬は加湿器、夏は除湿器で調整してください。快適な湿度の部屋にいるだけで、運はよくなります。

☆湿度は40%から60%に保ち、運氣を下げるカビを防ぐ

03

頭のいい子はリビングで育つ

親なら誰しも、子どもには賢く育ってほしいと願うものです。知育教育を取り入れたり、英語教室に通わせたり、いろいろな方法を試す方も多いでしょう。

しかし、賢い子を育てるのにお金は必要ありません。

子どもの勉強部屋をなくして、リビングをきれいに片づけてください。それだけでOKです。

部屋がない子どもは必然的に、リビングで過ごすようになります。お母さんが料理をしながら会話をします。お父さんと一緒に野球中継を見たり、お客さんが来れば、挨拶をしたりします。家の中でひとりきりにならず、人の温《ぬく》もりに触れ続けることで、子どもの脳が活性化されるのです。

いつも家族が側にいるという安心感が、豊かな知能を育てます。

部屋にひとりでこもっている子どもは、本能的に寂しさを感じます。寂しさを紛らすためにゲームやインターネットに逃げがちになるのです。

また、ひとりでいると人は、脳や免疫の機能が下がります。

人の氣が満ちている空間に育った子どもは、賢く育ち、大きくなってから成功するのです。

できればリビングに本棚と机など、スタディコーナーをつくってあげましょう。リビングをきれいに保つことも重要です。

「ひとりじゃ寂しくて勉強できない」「リビングにいたほうが安心感があって落ち着く」と、子どもが感じるようになれば成功です。

ある統計によると、「子ども部屋がなくてリビングで勉強した」という学生が、東京大学など一流大学に進学する確率は、子ども部屋を与えられていた学生より、ずっと高いそうです。

☆家族の温もりが子どもの運を育てる

04

オレンジ色で運氣の上がるキッチンに

料理をつくる人が、万全の状態で腕をふるえる場所。それが理想のキッチンです。気をつけていても、キッチンは基本的に汚れるものです。次に使うときに気持ちよく作業できるよう、常に清潔に保つように心がけてください。

キッチン周りにはゴミを溜め込まないようにしましょう。汚れた食器や生ゴミは氣の流れを悪くします。使い終わったもの、洗い終わったものはすぐ片づけることが大切です。

また、キッチンの全体的な色使いに気を配ってみましょう。

ホワイトやシルバー、ブルーなどの寒色系でまとめられたキッチンは、清潔感はありますが、見るからに寒々しくて料理には不向きです。

そして寒色系で統一した空間は、そこにいる人の氣の流れを悪くして、体調を損ないます。

キッチンはナチュラルイエローなどの暖色系、またはウッド調の色合いで自然を感じられるものにしましょう。

やる気を司る延髄を刺激してくれるのが、朝日や夕日の色であるオレンジです。日本人にくらべて活発でアグレッシブな人の多い欧米の住宅では、こうした明るい色の壁紙やインテリアも抵抗なく取り入れられています。

多くの面積をオレンジにするのには抵抗があるかもしれませんが、キッチンの壁紙をオレンジにしたり、オレンジの小物を増やしたりと上手に取り入れて、家族の運氣が上がるキッチンをつくりましょう。

料理をする人の気持ちと体調を整えるカラーで、上手に統一された場所が、運を上げるキッチンです。

☆寒色系のキッチンは料理に不向き

05

ベッドにアンティークを使うのはNG

家の中で玄関の次に大切なのが、寝室です。

質のいい睡眠は人をリラックスさせます。気持ちよく眠れているとき、脳は日中起きた問題を整理し、マイナス要因を消去したり、落ち込んだ気分をリセットしたりしているのです。

リラックスしてよく眠れる寝室の条件は、3つあります。

1. 玄関と寝室が離れている
2. 落ち着いた色彩（青、緑、茶、薄い紫など）の壁紙やカーテンを使う
3. 頭は窓側ではなく温度差の少ない壁際のほうに、壁との間隔が30センチメートル以内になるよう、木製のベッドを置く

玄関は動きが多く、「陽」「動」の場であるのに対し、寝室は心身を鎮める「陰」「静」の場です。距離を取ることで氣の乱れが抑えられます。騒音やヘッドライト、街灯の明かりが入ってくる道路からも、寝室はできるだけ離しましょう。

そして金属製のベッドは静電気を帯びやすく、冷たい氣を放つので避けてください。またアンティーク家具のベッドはおしゃれではありますが、古い家具には前の所有者の氣が残っています。そこに身を横たえると、あなたの氣を乱す原因になります。

寝室の照明は抑えめの明かりで、蛍光灯を避け、温かみのある暖色系を選びましょう。寝るときは真っ暗にして寝てください。

テレビやパソコンもベッドから遠ざけてください。電磁波の影響を減らすことで、快眠できる環境が保てます。それだけでいい運がやってきます。

☆寝室の氣を落ち着かせ、「陰」「静」に保つ

06

ホームパーティで運を招く

東洋には「建物（家）は運とお金を稼ぎ出す」という思想があります。

人が自然に集まって楽しんでいる家は、いい情報も集まり、富を増やします。家は工夫次第で人脈運を高める場所になるのです。

ぜひ積極的に、人を招いてパーティを開いてください。

欧米の富裕層は、家にパーティのできるスペースをつくっていて、定期的に友人たちを招いています。日本の家で大勢を集めるのは少し難しいかもしれませんが、庭や、マンションのレンタルスペースを活用しましょう。

ひとり暮らしのワンルームでも、家の中を整理して、人が集まることのできるスペースを少しでもつくってください。仲間を呼んでワイワイ話すだけで、家の氣の流れはよくなります。友人たちに「あの人の家に行くと楽しい！」と思われたら、ポジティブな氣が巡ってきます。

「家の中はプライベートなので、誰も入れたくない」というのでは、新しい情報も、運氣も入ってきません。氣が滞るばかりか悪い運を呼び寄せます。

人が集まりやすい場所を、家の中につくってください。ベストなのは、広くて開放的なスペースです。暖炉があるとなおいいでしょう。人は自然な暖かみを感じるところに集まります。

冬は必ず、暖かくしてください。寒いと体内の氣が逃げていきます。とくに足下が冷えると運氣も下がりますので、経済的に余裕があれば床暖房をおすすめします。

たくさん人を招いてほしいのですが、人選には注意しましょう。

あなたがあまり好きではない人や、運氣の悪い人は家に入れてはいけません。悪い氣を置いていかれては困りものです。

好きな人や、あなたが学びを得られる人とパーティを楽しみましょう。

☆いい友人はいい氣を家に運んでくれる

07

運を呼ぶ食べ物は納豆卵かけ玄米ごはん

ひらめきを促し、脳の老化防止にも役立つ食べ物の成分はアセチルコリンです。その材料となる栄養素「コリン」は、人間の身体の中では合成しにくく、食べ物からの摂取がとても重要になります。

コリンが豊富に含まれる身近な食品の代表格は玄米・大豆・卵です。コリンは水溶性なので、過剰摂取の心配もありません。

アレルギーのない人は、日常生活の中ではこれらの食品を使ったメニューを取り入れましょう。「納豆卵かけ玄米ごはん」ならパーフェクトです。

また、「招運ホルモン」とも言うべきドーパミンの分泌を盛んにする食べ物・飲み物も、すすんで摂りましょう。

タケノコ・バナナ・アボカド・アーモンド・ゴマ・納豆などが挙げられます。

緑茶に含まれるテアニンも、ドーパミンの分泌に効果があることが立証されています。暑い季節でも、ぬるめの緑茶を1日4～5杯飲むことを習慣にしましょう。

お酒も少量ならば効果がありますが、飲みすぎは分泌過剰＝ドーパミン依存を引き起こすので注意が必要です。

氣がたくさん入っている食べ物は、旬のものです。サプリメントに頼るより、氣のたくさん入った旬の食材こそ、健康的で美しい身体をつくるのに効果的です。

最近は栽培技術が上がって、真冬でも甘いスイカが食べられます。しかし身体にも、春夏秋冬に応じたサイクルがありますので、食べてはいけません。運氣を下げてしまいます。

それぞれの季節に適した食材を食べましょう。

☆季節はずれの食べ物は運氣を下げてしまう

08

読まない本はゴミと割り切る

持ち物の片づけや整理整頓の方法論はいつの世も人気のテーマです。

余分なものを捨てることには、身の回りが片づくということ以外にも「執着を落とし、心を身軽にする」という大きな効果があるからです。

失恋した女の子が髪を切るように、余分な持ち物は溜め込まずに捨て、過去やこだわりから自由になりましょう。

少なくとも、今あるものを30％減らすくらいのつもりで捨ててみるのです。そうすることで物事を見極める冷静さが戻ってきます。

ところが他のものにくらべ、本を処分することに強い罪悪感を持つ人が意外にたくさんいます。それが、買ったのに最後まで読んでいない本ならなおさらのようです。

しかし真実は、「読まなかった本＝不要な本」のはずです。

読まない本が多くあると、新しい情報が入ってこなくなります。

きれいに処分して、もっとためになる新しい本を買うことを考えましょう。

処分といっても、捨てるだけが方法ではありません。

本好きの友人にあげたり、フリーマーケットで売ったり、古本屋に持ち込んだりと、さまざまな方法があるはずです。

物が喜び、自分にも罪悪感の少ないやり方で、身の回りをすっきりとさせましょう。

☆捨てることへの罪悪感を捨てる

☆

松永修岳大阿闍梨のひとこと人生アドバイス

4

「生まれて初めて！」を体験する

人間の思考には限界があります。頭でする「解釈」よりも、体験によるハートの「理解」によって学びましょう。

思考に偏ると、人は慣れ親しんだ環境や選択の中だけに留《とど》まり続け、成長をやめてしまうものです。今までに体験したことがないものに挑戦し、「見たことのないもの」「味わったことのない感情」に出会いましょう。

とっさに頭が動かないほどの刺激や衝撃の中に、あなたを生まれ変わらせる力とチャンスが隠れています。

5章 ☆☆☆☆☆☆☆☆☆

面白いほど
仕事運がアップする
13の習慣

01

名刺は2種類以上持つ

仕事運を簡単にアップさせる方法をお教えしましょう。

名刺を2種類以上、持つことです。

たいていの社会人は、名刺は会社から支給されたものしか持っていないと思います。それでも普通の業務に支障はないでしょうが、名刺はあなたが何者であるかという紹介状です。運を呼び寄せる、小さな窓。つまり「招運」のアイテムなのです。

名刺を渡すということは、あなたの持っているエネルギーを少しだけ分けることでもあります。どんな相手にも同じ名刺を渡すのでは、エネルギーが無駄にすり減ってしまいます。

工夫を凝らして、いろいろな種類の名刺を持ちましょう。

私の場合は6種類ほどの名刺を持っています。現役の国会議員や年長の方には、縦型のシンプルな名刺を使います。初めてお会いする仕事相手の方には、私の手がけているビジネスを記した横書きの名刺をお渡ししています。

いくつもの名刺を使うことで、より多様な運氣が舞い込むのです。

文字列の向きを変えるだけでも印象が違います。縦書きなら風格と凛々《りり》しさ、横書きなら親近感が漂います。築きたい関係に合わせて、渡す名刺を工夫しましょう。

いろいろなパターンの名刺を持っていると、他の人との差別化ができます。

ひとつしか名刺を持っていない人に比べて、「バラエティに富んだ人だな」「発想力のある人だ」と、好感を持ってもらいやすいはずです。

どの名刺を出そうか考えるのも、仕事上の楽しみになります。小さなところに楽しみとアイデアを発揮できる人が、仕事運を呼び寄せるのです。

☆名刺は運を連れてきてくれる、自分の分身

02

デスクは毎週「ゆる片づけ」

物を取り出すとき「あれ、どこにやったかな?」と迷ってしまう机は、あなたの運を下げています。

「片づいていない」、それだけで運は逃げていくのです。

デスクの上に物が乱雑に置いてあったり、書類を引き出しにねじ込んでいたりしませんか。

溜まったものは、あなたのストレスの表れです。適度に吐き出して氣を循環しないと、いつまでもそこに留まり続けます。

1週間に1度は、机周りを掃除してください。必要だと断言できるもの以外はきっぱり捨てましょう。いつか使いそうなので残しているものや、完了した仕事の資料などは思いきって整理すべきです。

いつの間にかデスクの中に溜め込んでしまった名刺の山。これも、まめに整理しましょう。

さまざまな人の名前や肩書きが書かれた名刺は、一枚一枚がインスピレーションを呼ぶカードです。

名前を見て「そういえばあの人は今、何をしているだろう」「久しぶりに会ってみたいなぁ」といった直感が湧いたなら、短いメールなどを書いて相手の近況を尋ねてみるのもいいかもしれません。

ひょんなことから大きな縁に発展し、開運のきっかけがつかめるかもしれません。

物をきちんと捨てて、入れ替えができるようになると、自然に新しい運を持ったものがやってきます。運を迎え入れる気持ちで整理整頓を心がけましょう。

ただし、片づけすぎは逆効果です。仕事に流れる氣をすべて断ち切るのはよくありません。「ゆる片づけ」ぐらいの気持ちで臨むのが、ちょうどいいでしょう。

☆思いきって捨てると、新しい運がやってくる

03

仕事の電話は3分以内に終える

コミュニケーションといえばメールでのやりとりが増え、電話の重要度は下がっているように思われていますが、声には自分の氣が宿っています。

ハリのある明るい声での応対は、相手に陽の氣を感じさせ、「この人と仕事をしたい、一緒にいたい」と思わせる「人寄せ」の効果があります。

ただし、仕事の電話でだらだらと長話をしていると、運は下がります。伝えたいことをシンプルにまとめられない。余分な話をしてしまう。トラブル解消に苦労している。いろいろな理由があると思いますが、その時間は本当に必要でしょうか？

長話してしまうような用件なら、会いに行けばいいのです。

☆電話の声は普段よりワントーン明るく

04
自分のラッキーアイテムを覚えておく

どんなものにも氣が宿っています。いい仕事をしたとき、素敵な出会いがあったときは、持ち物の運氣も少なからず関係しています。

もしいいことがあったとき、普段と違うものを身につけていたなら、覚えておいてください。運を呼び込むラッキーアイテムになります。

逆に、あまりよくないことが続いたときは、身につけるものを変えてみてください。

ネックレスにブレスレットに指輪、何でも結構です。

物に宿っている氣が、下がりかけている運を上げてくれるかもしれません。

☆小物のパワーで運をよい方向にチェンジする

05

言い訳をすればするほど仕事運が下がる

仕事でミスをして、上司から責められたとき、どうしますか?

「でも、こういうわけで仕方なかったんです……」と言い訳をする人は、運氣を悪くしています。

世の中には、言い訳の上手な人がいます。自分は悪くない。誰々のせいで失敗した。お金と時間がないからできなかった。体調が悪かったから仕方なかった……など、いろいろなパターンの言い訳を使って、責任を回避しようとします。

言い訳上手なのは、自分はいつも正しいと信じきっている人です。責任転嫁することに少しも良心が痛まず、辛《つら》いことから逃避するのが当然だと思っている人です。そんな人は、運から見放されます。

運は、自分で責任を受け止めてきちんと成長する人や、辛さに耐えて周りに貢献できる人にやってくるのです。

運がないと、言い訳はさらに増えます。その場しのぎが得意な体質になります。

すると「こいつに仕事を任せると、責任が取れない」という評価が定まってしまい、やがて重要な仕事には声をかけてもらえなくなります。

言い訳が上手《うま》くなって、いいことは何もありません。

上司に「何か言い訳は？」と訊《き》かれても、ひたすら謝ってください。

責めるほうは、あなたに言い訳を求めていないのです。反省して、次のミスをしないという誠実さを見せることが大切です。言い訳を呑み込んで、次の展開に目を向けるのが最良の運のマネージメントです。

言い訳の上手な人にもなるべく近寄らないこと。百害あって一利なしです。

☆「何か言い訳は？」と訊かれても、言い訳しない

06 イラッときたら、散歩で「氣」を変える

普通に生活しているだけでも、心がささくれ立つことは多いものです。家族や同僚の何気ないひとこと。大切にしていたものが壊れる。人の愚痴を延々聞かされる……など、挙げるとキリがないでしょう。

イラッとする出来事は、偶然ではありません。氣が乱れていたり、悪い運氣があなたに流れていたりするせいです。

その流れは、自分で変えることができます。仕事や人間関係でどう対処してよいのかわからない問題に直面したら、部屋の中でイライラと考え込むのはやめて、スニーカーを履いて外へ出かけましょう。

背筋を伸ばして胸と肋骨を広げ、「かかとから着地し、親指で地面を蹴る」正しい歩き方で会社や自宅の周りを5分も散歩すれば、自然と呼吸が整ってきます。

呼吸は精神の状態と表裏一体です。呼吸が整うと焦る気持ちに落ち着きが戻り、発

想の転換ができるでしょう。

散歩の途中、素敵なお店を見つけたりするとさらに運氣がアップします。悪かった状況を、「出かけたことでいい出会いがあった！」と、ポジティブに変換できます。

とにかく行動することが大切です。

少しの動きで、氣はよい方向にチェンジします。

悪い氣の流れを「私さえ我慢していればいい」という気持ちでいるのはよくありません。不運を呼び込みやすい体質になってしまいます。

ネガティブな氣は、自分の行動で変える！　というクセをつけましょう。

☆正しい歩き方と呼吸で思考を整える

07

色彩のあるオフィスが仕事運を高める

色のコーディネイトも、運のマネージメントには重要です。

オフィスのインテリアでありがちなのが、なるべく無難なものを選ぼうとして、モノトーンの無個性な空間になってしまうパターンです。こうした殺風景な空間だと目からの刺激が少なく、脳も活性化しません。

オフィスに色のエネルギーを、積極的に取り入れましょう。

一般的には、職場は冷静になれるブルー系がいいと言われていますが、仕事の内容に合わせて色を選んでください。

多くの人と関わる仕事なら、やる気の高まるオレンジやレッド、また希望が湧くイエローが合います。

データ入力など、ひとりで打ち込む仕事なら、集中力の高まるブルーとグリーンのインテリアにするといいでしょう。

事務のような固定化された仕事なら、グリーンやブラウン系を置くことでストレスを軽減できます。

ものを生み出すクリエイティブな仕事なら、創造性が高まるブルーのインテリアが合っています。ホワイトは心を一新する力を持っているので、ブルーと組み合わせるとよいでしょう。

インテリアを大きく変えることが難しい場合は、色のイメージの写真を飾ったり、背クッションなどの小物を交換したりするなどして、色が目に留まりやすい工夫をしてみてください。

色を工夫するだけで、場のエネルギーは高まります。人間関係も豊かになります。

ただし、あまり派手なポップカラーはいけません。氣が散り、運が逃げて逆効果です。

☆営業職にはレッド、デスクワークにはグリーンでやる気アップ

08

成功者のサクセスストーリーを読む

どのようなジャンルにも、その道で超一流と目される人がいます。抜群の能力と強みを持ち、輝けるオリジナリティそのもののような人です。

オリジナリティのある憧れの人物が見つかったら、その人物のサクセスストーリーを読みましょう。すぐれた人物の物語に触れることで、運を招きやすくなります。

もしその人が存命の人なら、積極的に会いに行くことです。服装、髪型、話し方、思わず他人が惹きつけられる独特のものがあるはずです。よく観察して、自分にも真似できるところはどんどん取り入れて、自己表現力を磨きましょう。

また、成功者は運を持っています。大勢の人に好かれ、「会ってお話を聞きたい」と思われています。そうした人に触れることで人運を分けてもらえます。

たまに「尊敬する人はひとりもいない」と言う人がいます。尊敬に値する人が見つからないのだとしたら、その人は向上心がないのです。正しい向上心を持っている人なら、必ず誰かを尊敬しています。

成功者ほど、謙虚で腰が低く、大勢の人に敬意をはらっています。

日本最大の実業家だった松下幸之助は、「社員から学べ」と常に言い続けていたと言いますし、元メジャーリーガーの松井秀喜選手も現役時代、周囲には常に敬語を使っていました。

他人を尊敬できる人は、成功のチャンスをつかめるのです。

成功者のサクセスストーリーには、成功を引き寄せる理由が必ず秘められています。

そこから、ぜひ学んでください。

☆「超一流」の、運を引き寄せるしぐさを学ぶ

09

開店初日は先頭に並んでみる

どんなところへ行くにも、常に自分が一番乗りになることを意識して行動してみましょう。

新しく開店したお店、パーティの会場、合コンの待ち合わせ。

どこであっても、「誰よりも早く足を運ぶ」と決めることで、行動する意欲が養われます。

これは運を鍛えるために欠かせないものです。

逆に「少し遅れてもいいか」という考え方は、他の面でもしばしば腰の重さ、意欲の低さとなって表れ、運氣を下げます。

また、強烈な好奇心を持つことは、能力を高めて強みを得るためには欠かせません。

どんなことでも知りたがり、この目で見たがる野次馬根性や、新しいものや流行に躊躇《ちゅうちょ》なくサッと飛びつくミーハー精神は、意外にも運氣を上げてくれます。

見ること、聞くこと、触れること。
これらを通じて意識の目覚めが起こります。
興味のあることには「がぶり寄り」の精神でどんどん行動しましょう。

☆ミーハーな人ほど運を招きやすい

10

前例のないことにチャレンジする

年を取るごとに、人間は過去の失敗にとらわれてしまい、思いきった行動が取れなくなっていくものです。

しかし、あなたが決別しない限り、過去は死ぬまであなたを追いかけてきます。

一切の後悔は捨て去りましょう。結果など気にせず、自分が一度もやったことのないこと、前例のないことに挑戦していきましょう。

成功したければ楽天的であることです。成功とは、幾多の失敗を肥やしに咲く花です。失敗のひとつひとつにすぐ打ちのめされてしまう悲観的な人は、成功の花が咲く前に心が折れてしまいます。

苦しい状況に立たされたときでも、アイデアが湧いたなら「やってみるか!」と素直に信じ、時間をかけずにどんどん行動しましょう。

ただし、チャレンジする前の準備には、時間をかけることが大切です。傍《はた》から見れば泥臭くてカッコ悪いほどの周到な根回しをすることで、金星を獲得できる確率がグンと上がります。キーマンにアポイントが取れたなら、その人の好きな色、食べ物まで事前に調べておくような細やかさが幸運を呼びます。

また、順調に進んでいるプロジェクトや、いい結果が出そうな仕事を手がけているなら、あえて追加ノルマや課題を増やし、自分にとっての逆境をつくりだしましょう。それによって運をさらに呼び込むことができます。

人は、意識と心（感情）が分かれていることで、自分の感情を客観的に意識することができます。ところが好調なときほど意識と心の癒着が起こりやすいのです。意識と心が癒着しているとき、人は客観性を失って感情のままに行動してしまい、あとから反省する事態になりがちです。

自分から困難な状況に飛び込むことで、意識は心の支配を逃れ、目覚めた状態をキープできます。

☆「楽天的」は成功を招く最高の才能

11

どんなことでも自分で決める

物事を決める際、多数決の挙手のときにしか意思を表さない人間になっていませんか？

パートナーからの相談に対して「君の好きにしたら」が口グセになっていませんか？

新規ビジネスへの参入から、今夜の晩ご飯まで、他者と何かを決めるときには必ず自分の意見を持ち、決断する習慣をつけましょう。

「常に自分自身を生きる」とは、一瞬一瞬のすべてを他人任せにしないことです。

☆自分の意見を持つ人が運に好かれる

12 「ウワサのあの人」と言われてナンボ

陰口というわけでもないのに、本人のいないところでよく話題に上る人がいます。

自分がいない場でも、みんなとそうして「コミュニケーション」してしまうその人の個性と強みはいったい何でしょうか。周囲からウワサになるほどの何かがきっとあるはずです。

「この間、みんなで君の話になってね……」と言われてもドキッとしたり、いやな気持ちになったりする必要はありません。

そう、あなたのキャラクターと影響力も、実はなかなかのものなのです。

影響力のある人は何であれ、話題に上ります。

☆ウワサ話はあなたの影響力の表れ

13

週に1日は完全に休み、4ヶ月に1度は5日間休む

成功してお金持ちになっている人は、休みの達人でもあります。どんなに時間に追い回されているようでも、週に1度はしっかりプライベートを楽しんでいます。時間の使い方が上手なのと、忙しくしてばかりいると氣が不足し、運がやってこないことを知っているからです。

成功者は休みの日に、家族や友人と一緒に過ごします。親しい人の喜びを、普段の仕事の活力に変えているのです。

私の体験においても、年収が800万円以下の人は忙しすぎて、休日を楽しむ余裕がありません。これが1500万円を超えると、ぐっと日々が楽しくなり、1億円を超えるような富裕層は、あまり仕事をせずに、家族と過ごしたり旅行を楽しんだり、レジャーで過ごす休日のほうが多くなっています。

富裕層の例は極端だとしても、ある程度休日をマネージメントできる人が、経済的

に成功するのは確かなのです。

週に1度は充分に休みましょう。それができないほど忙しいとしたら、時間のやりくりに工夫がないか、その仕事で成功しないかのどちらかです。

理想は4ヶ月に1度、5日間の休暇を取ること。長すぎず短すぎない休暇は、心身のリフレッシュとなり、いい運がやってきます。

休みの日には、面倒がらずになるべくいろいろな場所へ出かけることです。居場所が変わることで、必然的に視野・視座・視点が転換し、今まで気づかなかったことに対する発見や、当たり前に思っていたものへの感謝が生まれるでしょう。

立場や価値観が異なる人々と接することで、自分自身を客観視できる機会にもなります。

☆きちんと休むことも運のマネージメント

☆

松永修岳大阿闍梨のひとこと人生アドバイス

5

不自然と感じることを取りのぞく

果てしなく広がる宇宙＝自然との一体感を持つためには、自分自身から「不自然さ」を排除していくことが大切です。現代社会にはストレスが多く、すべてが不自然へと向かっていきます。

人生において、判断や選択に迷ったときには、どのような答えがより自然に近いかということよりも、生活の中から不自然だと感じることを取りのぞくだけで、正しい選択ができるようになっていきます。

「何が自然か」よりも「何が不自然か」を知ることのほうが大切です。

6章 ☆☆☆☆☆☆☆☆☆☆

人脈がどんどん広がる12の習慣

01

電話で呼び出せるようになって初めて人脈

前に述べた、名刺を2種類以上持つことを実践すると、出会う人はぐっと増えます。工夫を凝らした名刺は出会いを呼び込むので、多種多様な人と名刺交換できると思います。

しかし、名刺を交換するだけでいいでしょうか？　あなたの人脈と言えるでしょうか？

自分の人脈を誇るのに、名刺ホルダーの分厚さを自慢する人がいます。中には有名企業の偉い人や、セレブの名刺もあるのかもしれません。しかし、「持っている名刺の人たち全員に、電話できるだろうか？」と考えてみて、そうできなければ本当の人脈とは言えません。

電話に応じてくれるのが人脈です。電話に出るというのは、仕事の手を止めて、相手のために時間を割くことです。その手間をかける価値があるとお互いに思える関係を築くことが大切なのです。

「相手の人脈に自分の名前があるのか」、これが大事なことです。

人脈にはお金を投資すべきです。有料でも、パーティやビジネスセミナーには積極的に参加してください。

お金と手間をかけて、人との出会いをつくりだすと運が上がります。SNSを利用するのもよいですが、画面の中だけの交流では意味がありません。フェイス・トゥ・フェイスの付き合いを心がけましょう。

名刺を増やすだけでは意味がありません。そこそこの企業に勤めていたら、名刺など勝手に増えるものです。人脈をつなぐのは紙の名刺ではなく、あなたの個性、印象、総合的な人間力です。

名刺の枚数は少なくてもいいのです。その人との関係を大切にすれば、人脈運は高まります。

☆ 人と会うことにお金を投資する

02

見返りを期待せず、人に尽くす

運を上げるには、できる限り人に尽くすことです。

しかし人の役に立ちたいと思う心があっても、相手の欲しているものが見えない限り、あなたの利他心は身動きが取れません。

周囲の人々が何に満たされていないのかをよく観察しましょう。情報？　気づき？　元気？　それともその全部でしょうか。

相手の望まぬ世話を焼き、余計なお節介をしないためにも、今その人に欠けているもの、満たされていない部分を探して見つけることが大切です。

ただし、自分が苦しくなるほど尽くす必要はありません。少し余裕ができたとき、可能な範囲で、人にできることを考えて実行すればいいのです。

決して見返りを求めてはいけません。「自分が得するため」「これで貸しをつくりたい」と考えていると、運のほうが打算的な心を察知して、離れていきます。あくまで

「相手に幸せになってほしい」という純粋な思いが大切です。

運が貯まるのは無償の行動の結果。ギブ・アンド・ギブの精神です。運に好かれる人は、みんなそうしています。我々はもっと分かち合うことができます。

世界一多額の寄付をしているのは、世界最大のお金持ちのビル・ゲイツです。一流の大富豪はみんな私財で財団をつくって、恵まれない子どもたちや貧しい国を支援しています。

自分の喜びを、少しおすそ分けするようにしましょう。

お金持ちになることの最大のメリットは「人を支援できる人間になれる」ことにあります。

☆ギブ・アンド・ギブが新しい運を呼ぶ

03

引きの強い人にはすすんで巻き込まれる

身近に商談を成功させるのがやたら上手い人、一発勝負の試験やクジ、抽籤《ちゅうせん》となると不思議に強い人はいませんか？　こうした引きの強い人と仲よくなって、一緒に行動するように心がけてみてください。彼らの持つ強い運氣のおすそ分けで、あなたの「引き」も自然と強化されます。「くじは当たるまで引く」、これが大事です。

また、「身体が強く体力のある人」「粘り強い人」「人の嫌がる仕事も忍耐強く引き受ける人」など、あなたが憧れる「強さ」を持つ人を見つけたら、その人と食事をしたりお茶を飲んだり、一緒に過ごす時間を持つことで、いい運に大いに巻き込まれましょう。

☆ 運は感染する

04

初対面で「会ったことのないタイプ」と思わせる

迎運のためには自分から相手の懐に飛び込む勇気が必要ですが、せっかく懐に飛び込んでも、「つまらない人」と思われたらそこで終わりです。パーティの会場や取引先との顔合わせなど、初対面の人々が集まる場では、いかにして自分に注目させるか、ということのアイデアを練っておいてください。

相手の興味を引き、「もう一度会ってもいいな」と思わせるためには、強いインパクトを残すことが大事です。日本人は「出る杭は打たれる」の呪縛が根強いですが、初対面の一瞬で「あの人は誰？」と注目させ、他人の好奇心を刺激することは、対人関係における最初のアドバンテージを取ることにつながります。

☆「また会ってみたい」と思わせるところから人脈は広がる

05

相手の趣味にとことん付き合う

仲よくなりたい相手の趣味は何でしょうか。ゴルフ？　釣り？　もしかすると、もっとディープなものかもしれません。

いずれにしても、趣味の時間を共有することは、損得で動くビジネスとは距離を置いた、人間同士の付き合いに発展させやすい特別な機会です。

仕事相手に、プライベートな趣味を尋ねるのは勇気がいりますか？

しかし、その人個人に対する興味を率直に表明することは、肩書きやレッテルをはずし、互いにひとりの人間として付き合うチャンスです。異性関係などを尋ねるのは論外ですが、趣味の話なら性別を問わず盛り上がりやすく、相手の人柄を知るヒントにもなります。

たとえ自分には無縁の趣味でも、「あなたが夢中になっているなら、きっと面白いはず。いろいろと教えてください」という姿勢でお供しましょう。好奇心旺盛なあなたを可愛がってくれるかもしれません。

また、あなた自身が打ち込める趣味を持っているなら、ひとりで楽しまず、同好の士が集まるクラブや、その世界の有名人が主催するセミナーに積極的に参加しましょう。人が大勢集まる場所での趣味は、思わぬ人脈を生むこともあります。

音楽や旅行など、性別や年齢層を問わない趣味ならなおのこと、あなたの世界をいっそう広げるきっかけになるでしょう。

なお、これから趣味を見つけたいという方には、肉体と精神の両方をバランスよく整えるものとして、スポーツや山歩きなど「身体を動かし、心で楽しむ趣味」、そして旅行や食事会など「顔を合わせ、心を通わせる機会」がおすすめです。

ゲームやネットコミュニケーションなど、肉体を伴わない楽しみは一時的なものです。同じ時間を費やすなら、肉体と精神の両方を刺激する「一石二鳥」策を取りましょう。

☆「ところで、ご趣味は？」を口グセに

06

話したことのない人をランチに誘う

職場で「おしゃれだな」と思う人、家の近所で「何の仕事をしてるのかな」と思う人など、誰かに興味を持ったら、その人に話しかけたり、お茶に誘ったりしてみましょう。

その際には、「きっとこんな人だろう」と決めつけてかかるのではなく、「どんな人なのかな？」という好奇心が大切です。

親しい人との「あ、うん」の空気は大事ですが、いつも同じ顔ぶれと行動していては、対人能力のスキルも、自己表現の幅も広がりません。

名刺交換したばかりの人と車で移動することになったら……？　全然知らない人とエレベーターに閉じ込められたら……？

考えただけでも「どうしよう」と思ってしまいますね。

しかし、こんなときに試されているのは、あなたの脳の情報処理能力です。情報の少ない相手とのコミュニケーションは、あなたをうんと鍛えてくれます。

週に1度は「能力検定」だと思って、知らない相手と会話する機会を楽しみましょう。

ランチや飲み会などの場でも、なるべく自分とは異なるタイプ、キャリア、業種の人に接するのです。

パーティではもちろん、真っ先に外国人ゲストの隣の席へ！　文化や背景が違う人ほど刺激になります。

☆パーティでは外国人ゲストと率先して話す

07

ネガティブな人と付き合わない

世の中、運のいい人ばかりではありませんから、不運な人を助けるのも大切なことです。

が、ツイていない友人の力になろうと、相談に乗ったりお金を貸したりといった「運のおすそ分け」はほどほどにしましょう。

当人が「忠告に聞く耳を持たない」「努力しない」など、不運のスパイラルの中にいる場合は、むやみに近づくと自分もその渦に巻き込まれてしまいます。

マイナスなことしか言わない、約束にだらしない、ウソをつく。そういう人とは距離を置くべきなのです。

ところが表向きはポジティブに見えて、実はとてもネガティブな氣を持っている人もいます。

判断基準は、口ぶりです。やたら口数の多い人、自慢する人、他人のプライバシーをすぐ喋《しゃべ》る人は隠れネガティブです。

それから、「無理です」「困ったな」など、否定的な言葉の多い人。「しかしね」「だけどさ」と、必ず反論する人。「あなたのために言うんです」と、恩着せがましい人。そういう人はネガティブな氣の持ち主です。

最初から過剰なぐらいフランクな人や、極端に暗い人も要注意です。悪い運氣をはらんでいます。

不動産王のドナルド・トランプは「運の悪いヤツとは目も合わせない」と言っています。とても正しい対処法です。

反対に、不運を脱したいと強く願い、努力している人なら、協力を惜しまず相談に乗りましょう。

☆隠れネガティブからあなたの運氣を守る

08

「苦手な人」は福の神と心得る

ネガティブな人とは付き合わないほうが賢明ですが、容赦なく図星を指してきたり、議論で痛いところを突いてくる「苦手な人」には注目してみましょう。

付き合いを避けてしまいたくなるこんな相手こそ、自分の人間的成長を促してくれる「運の砥石」となってくれる人です。お互いへのお世辞やヨイショで会話が回る底の浅い友達より、ずっと貴重な存在です。

率直な意見が聞けるよう、身構えないで気さくに接してみましょう。その人の言葉の中には、逆境を生き抜くいいアドバイスがきっとあります。

☆ 厳しい意見に耳を傾けてこそ運がよくなる

09

パーティではホスト役と仲を深める

パーティやセミナーに誘われたら、なるべく顔を出すのは招運の基本です。多くの人（＝氣）が集まる会場は、招運のまたとないチャンスです。

ただし、親しくなるなら自分と同じ立場のゲストの人より、会を主催するホスト役の立場の人に注目しましょう。その会場で一番注目を集める人のところに、もっとも多くの運が集まります。

単なるお客様のひとりにはならず、自分自身も招運できるよう、主催者には積極的に声をかけて親しくなりましょう。

☆会場で一番運を集めているのは主催者

10

人と会っているときは携帯を見ない

仕事の飲み会や、友人との食事会のとき、席に着くなりテーブルに携帯を置き、メールが来るたび開いてチェックする人をよく見かけます。

無自覚にしているこんな行動は、その場の会話や参加している人に無関心だと自分で言っているようなものです。

開運の源は好奇心と感動であり、それは行動をともにしている人と楽しさを共有することで生まれます。

誰かと会っているときは、携帯をマナーモードにして、カバンに入れておきましょう。それが、開運のためのマナーです。

☆一緒にいる人との時間を最優先にする

11 人に人を喜んで紹介する

ラッキーな出来事は、人と分け合うことでさらなる運を運んできます。

他人が会いたがっている人と知り合いなら紹介してあげたり、誰かが行こうとしている場所までの道のりを調べ、連れていってあげる、といった具合に、他人の「迎運」を応援し、協力するのです。

相手から本当に感謝されれば、自分が与えた運は少し大きくなって自分のもとに必ず戻ってきます。

いつでも、運の連鎖反応の中心にいるように心がけましょう。

☆運は分けると、少し大きくなって戻ってくる

12

親友とは毎日連絡を取る

自分の周りにいる「好きな人」「気の合う人」を頭に思い描いてみましょう。

その人といるとき、自分はどんな表情をしていますか？　その人はなぜ、自分にそんな顔をさせることができるのでしょうか？

世間話のジョークのセンスから、愚痴話への相づちの打ち方まで、好きな人の「好きなところ」を思いつくまま挙げてみましょう。

それらはすべて、他人の脳を〝快〟にするエッセンスです。大いに見習い、自分のものとできるよう努力すべきです。

気の合う友人とは、毎日コミュニケーションを取りましょう。

魂や感性の近い友人とのふれあいは、その言葉や行為がさまざまな形であなた自身の鏡となり、あなたがどんな人間か、今何を喜び、何を恐れているのかを教えてくれます。

お互いの現在について情報交換し、コミュニオン（融和）することで、出会えたことや同じ時代を生きられること、お互いの人生に対する感謝も湧いてくるでしょう。

☆あなたのことは友が一番知っている

☆
松永修岳大阿闍梨のひとこと人生アドバイス
6

「亡くなったあの人なら……」と考える

絶体絶命のピンチや絶好のチャンス、「ここぞ」と自分を試されたときには、今はもういない、あなたを慈しんでくれた両親や祖父母の顔を思い浮かべましょう。

その人たちなら、今のあなたにどんなアドバイスをするでしょうか？

想像してみることは、自分の命のルーツを辿ること。天へと還《かえ》った祖先たちとのつながりを感じることで、思考とエゴは薄まり、感謝と愛に基づく正しい答えが出せるでしょう。

7章 ☆☆☆☆☆☆☆☆☆☆

不運とサヨナラする10の習慣

01

パワースポットで体調を崩すのは吉兆

潜在意識を刺激し、インスピレーションを生み出すいわゆる「パワースポット」には運が満ちています。

私がおすすめするのは高野山、吉野山、大峰山、養老山など代表的な霊山です。それ以外でも有名な神社や風光明媚《めいび》な場所など、自分のテンションを上げてくれる氣を感じたら、その土地に由来するものを買いましょう。

一番のおすすめは、その土地で採れた野菜や果物、天然湧水などです。それらを食べたり飲んだりすることで、直接、その土地の氣を取り込むことができます。

パワースポットは、運氣を向こうからプレゼントしてもらいに行く場所ではありません。考え方としては、運氣をお迎えに行くというイメージです。そこにあるいい運氣を自宅までお連れする、つまり運を招待するということなのです。

運は、集合をかければ集まってくれるお友だちではなく、「目上の存在」「お迎えすべき存在」といった感覚を持つべきです。お招きして、こつこつ育てる心でいれば、パワースポットの氣はあなたについてきてくれます。

お祈りは私利私欲ではなく、「社会に貢献する」という高い志で捧げてください。高い志は、運のほうが興味を持って実現を助けてくれます。

パワースポットを訪れると運氣が上昇しますが、まれに体調を崩す人がいます。場から放出されている高い磁力に負けているのです。身体が悪い氣を追い出そうとしている証拠で、ある種の免疫反応です。

そういう人は、回復してから劇的に幸運を呼び込める可能性があります。

もしパワースポットで気分が悪くなったら、体調を回復させつつ運の到来を待ちましょう。

☆運をお迎えに行くつもりで訪れる

02
優先席には座らない

場には、そこにいた人の氣が移ります。運のいい人がいた場所には当然、いい氣が残ります。

有名人などエネルギーの強い人が滞在していたスポットは、積極的に訪れましょう。よく知られたところでは、スコットランドのエディンバラにあるカフェ・エレファントハウスです。見た目は何でもない古いカフェですが、無名時代のJ．K．ローリングが『ハリー・ポッター』の第1巻を執筆していた店です。

クリエイティブのパワーを上げる、最高の氣が満ちています。今も世界中から、小説のファンや創作に携わる人たちが訪れているそうです。

日本にも、著名人が住んでいた建物や、常連として通う店はたくさんあります。そういう場所は訪れた人にもいい影響を与えます。

身近なところでは、電車の中にも氣の高い場所があります。

若い人の座った後のシートです。元気で活動的な氣がシートに残っています。また、子どもがたくさん乗っている車両もおすすめです。若いポジティブな氣が、場に満ちています。

逆に、必要がないのに優先席に座ることは避けてください。体調が優れない方の氣を、シート全体が吸い込んでいます。疲れているときに座ったらよけいに疲れてしまうでしょう。

お出かけは、いい氣の満ちた場所を選ぶこと。するとツキが回ってきます。

☆元気な子どもの座っていた席はパワースポット

03

優柔不断は不運のもと

バーゲンで、気になる服を発見。「買おうかな、でも今買わなくても……」と考えることは誰にでもあるでしょう。

あなたは「迷ったら買う派」、それとも「やめる派」ですか。運の観点からは「やめる」が正解です。「あの服に合わせたこんなコーディネイトができる！」などといった明確な出口が見えないときは、迷路に入ること自体を避ける習慣を持ちましょう。迷わない人は、運の強い人です。決断のスピードを上げる、それだけで氣の巡りが潤滑になって、いい運を引き寄せられます。

経営者をしている友人たち数人と旅行に行くことがあるのですが、全員が全員、驚くほど決断が速いです。レストランに入ってメニューを見ても、目に入ったものをさっと頼みます。お土産によさそうなものがあれば、迷わず買います。「荷物になってしまうかも……」「これからもっといいお土産に出会うかも……」などと迷っている人はいません。

何ごとも、確かに時機を見るのは大切です。しかし時機を見すぎて、もたもたしているといいものを逃して損をします。「今は時機じゃない」「踏ん切りがつかない」など、優柔不断な人は、運のほうが避けていきます。

時機とは自分で決めるものです。周りの環境が整うことや、誰かのアドバイスを待っていたら、時機のほうから逃げていくでしょう。

時機を自分で見極めて、一気に攻めることができる人は、ツキが面白いように回ってきます。成功のスパイラルに入れます。

攻めなければいけないときに足踏みしないことです。迷って時機を引き延ばすのは、運の観点では無駄でしかありません。

☆迷わず買う、しかし迷ったら買わない、が鉄則

04

病気がちな人は仕事が合っていない

現代は、原因不明の病気にかかる人が増えています。

身体の不調が続き、疲れと倦怠感《けんたい》が取れない。いろんな病院で詳しい検査を受けても改善策は見つからず、不定愁訴ということで放置されるパターンが多いようです。

疾患が原因の場合はきちんと治療するべきですが、私の見たところ、原因不明の不調に苦しんでいる人たちのほとんどは、「病の氣」にとらわれています。

心が乱れた状態が長く続いたせいで、氣が停滞して、病の氣を呼び込んでしまいます。免疫の氣が不足しているのです。やがて、うつ病を招いたりします。

氣が満ちていれば、病は退けられます。

もし、あなたが原因不明の不調に悩まされているとしたら、運のマネージメントに何らかの不備があるのかもしれません。本書で紹介している運をよくする習慣術ができているか、見直してみてください。

それでも日常生活にとくに問題が見当たらないとしたら、仕事が合っていない可能性があります。

仕事は、氣配り、つまり氣の出し入れがもっとも活発な場です。その活動が乱れると、身体への影響はダイレクトに表れます。

病気がちな人は、今やっている仕事や職場が合っていないかもしれません。合っていない仕事は病気をつくります。

元気になりたければ、転職して、別の新しい氣の流れに身を投じることも大切です。

☆心の乱れが体調不良の原因であることも

05

「別れてくれてありがとう」と思う

恋愛は、人生の大きな悩みのひとつです。とくに別れ際などは、相当なストレスになります。

恋人とケンカ続きで関係の修復はもう不可能、ついに別れることになった場合には、きっと相手へのネガティブな感情でいっぱいになると思います。

怒りや恨みや不満を、お互いにぶつけてしまう……。傷つかない別れ方をするのは、なかなか難しいでしょう。

しかし、運氣を上げる最良の別れ方がひとつあります。

別れる相手に感謝するのです。「いろいろあったけど、別れてくれてありがとう」と思うようにしましょう。

相手がいなければ、あなたはもう不要なストレスを抱えなくてもいいのです。

そして別れることで、あなたはより素敵な人と出会えるチャンスを得られるのです。

別れた相手にいつまでも恨みの感情を引きずっている人は、運氣を下げています。感情がネガティブなので、いい出会いも引き寄せません。

過去を頭から消す、ということではありません。それは不可能ですし、消そうとすればするほど過去にこだわってしまいます。

感謝のようなポジティブな波動で、過去を上書きしてください。過去があったおかげで、もっと楽しい未来が拓《ひら》けるのだと考えてください。

ひどい目に遭わされた相手にも、ありがとうを捧げましょう。そうすることで、過去以上の素晴らしい未来があなたに訪れます。

☆感謝の気持ちでネガティブな過去を上書きする

06

運を引き寄せる口グセを身につける

　ポジティブな口グセは、運を呼び寄せてくれます。明るい口グセはドーパミン系の神経を多く刺激し、暗い口グセはドーパミンの活動を下げます。いい口グセが脳の活性化に役立つのは、大脳生理学で証明されていることなのです。

　夢や楽しいことを口グセにすると、人間の脳は、それを実現しようとします。

「今日も楽しい人に出会えた！」と口にしていれば、さらにいい人脈を引き寄せます。

「儲かってしょうがない！」と口にしていれば、そのとおりにお金が膨らみます。

　また、自分ではなく人々の幸せのための口グセは、実現の力がよりいっそう高まります。

「これが実現すれば社会の役に立って、自分もお金持ちになれる！」と口にしていれば、いろいろなところからお金が集まってきます。

　逆に、「自分はダメだ」「期待するだけ無駄だ」「疲れた」などネガティブな口グセは、脳にネガティブな情報が固定化されてしまいます。

失敗体験や、いやな思い出も、なるべく口にしないことです。ネガティブな言葉にも実現する力があるのです。ネガティブな経験や感情は、口にしている限り繰り返されることになります。

また、人をどこかへ招いたり、何か協力を頼むときには、「お返事をお待ちしています」ではなく、「いいお返事をいただけると信じています」と言うのがコツです。「お待ちしています」というのは行為ですが、「信じています」というのは心のありようです。

相手にしてみれば、行為を断ることはたやすいですが、心を裏切ることには腰が引けるものです。思わず「わかりました、いいですよ」と言わせてしまう、心に語りかける言葉を口グセにしましょう。

☆ ＯＫをもらえる頼み方は「信じています」

07

絶好調のときこそすすんで損をする

仕事が絶好調のクライアントには、私はこうアドバイスをしています。

「無償でお客様の喜ぶことをしなさい」と言うのです。

絶好調のときには、自分の力を慢心しがちです。「これはすべて自分の努力と才能の結果だ」と思ってしまいます。

しかし、実際はそうではありません。運が後押ししてくれたおかげです。運が、多くのお客様との縁を導いてくれたからだと考えるべきです。

絶好調になりすぎると、運のバランスが崩れます。そのままにしていると反動で必ず不運を招きます。運と不運は、表裏一体のエネルギーです。運がいいということは、すなわち、不運が起きる可能性も高まるのです。

敏腕経営者が事業を成功させた後に、つまらないミスを続け、短期間で失墜していく例は珍しくありません。

運のバランスを取るためにも、無償の還元行為は必要なのです。ツキの続かない人は、たいていその点で失敗しています。自分の得た利益を分けたがらないのです。人の器はコップと同じで、中身を捨てないと新しい水は入りません。今の幸運を還元してコップを空けないと、新しい幸運がやってこないのです。

運のバランスが崩れて不運がやってきたとしても、決して「もうダメだ」「運が尽きた」と考えてはいけません。マイナスの考え方をしていると、悪い氣が去ってくれません。

絶不調でも悲観的にならないこと。不運なときこそ、いい予感を持ちましょう。楽観的で、前向きな気持ちでいれば、また幸運の周期はやってきます。

☆不運なときは、次の幸運を心静かに待つ

08

生活に刺激を与え続ける

運氣は目に見えるものではないので、いい運氣が訪れている兆候に、なかなか気づかないこともあります。

不運が続くようになってから、「今思えば、あのときは運がよかったんだな……」と、後悔することもあるでしょう。

運氣の上がってきている兆候は見逃さないことです。

具体的には、いい話が聞こえてきます。

自分の手がけている仕事が評価される。普段の行いが誰かに褒められる。家族にいいことが起こるなど、さまざまなパターンがあります。

そのような嬉しい話が聞こえてくるのは、運がいい状態に入りつつあるサインです。

こうした兆候を呼び込むためには、自分の行動を変えてみることが必要です。

家の中をいつもよりきれいに保つ。家族や友人に感謝を捧げる。積極的に外に出かける。いい景色の場所を訪ねる。運のいい人に会いに行く。コンサートホールや美術館など、いい氣が満ちている場所で過ごす。

いろんなやり方で行動を変え、生活に刺激を与え続けていると、いい話がやってくる環境が整います。

あるタレントの方は、運のいい人に会って、ご飯を食べて楽しい話をしているときに、全国ネットのＣＭ出演の話が舞い込んできたそうです。

自分から運を迎えに行って、運の上昇を実感してみましょう。

☆ちょっとしたいい話は運氣上昇のサイン

09

陰で人を褒めると運氣が上がる

飲み会の席などでふとした拍子に、その場にいない人の悪口で盛り上がってしまうこともあると思います。

面白おかしく酒の肴にしているときには、ついついそうした悪口にも同調してしまうものですが、人を悪く言ったりすることは、「幸運を分かち合う」こととは対極にある行動です。

他人への悪口が積み重なれば、自分の運氣も淀みます。本人に面と向かって言えないような批判や指摘は、誰のためにもならないと、肝に銘じておくべきです。反対に、陰で人をいつも褒める習慣を持てば、運氣は確実に上がります。

☆言いたいことは面と向かって、それ以外は口をつぐむ

10 どんな不運にも底がある

不運は工夫次第で避けることはできますが、敵ではありません。
幸運と不運は表裏一体です。いい運氣と悪い運氣は、セットになっています。
不運を毛嫌いして、受け入れられない人は、いい運氣からも見放されます。
不運は、あなたを鍛えてくれます。
今が不運な状態だとしたら、もうすぐいい運が届くチャンス！　と考えましょう。
ずっと不運のままということはありません。不運にも底があります。

☆運を管理すれば幸運が続く

☆
松永修岳大阿闍梨のひとこと人生アドバイス 7

「楽しんでいる自分」に気づく

美味しいものを食べたとき、友達と冗談を言い合っているとき、きれいな景色に出会ったとき……。日常生活によくある「小さな楽しみ」を見つけたら、大げさなくらいに味わってみましょう。

人間は辛いことや苦しいことにはすぐ落ち込むのに、楽しんでいることに対しては意外なほど鈍感で忘れっぽいものです。あちこちに散らばっている小さな楽しみをすべて拾い集めて味わえば、今生きている生の、「得がたい輝き」に気づくはずです。

8章 ☆☆☆☆☆☆☆☆☆

幸運体質をつくる 14の習慣

01

1日5分の瞑想を習慣にする

運を育てて持続させるのに役立つのは、瞑想（メディテーション）です。瞑想とは、心を空っぽにして、何も考えていない状態のことです。瞑想状態になると、幸せを感じることができ、そして何かしらの気づきが必ず起こります。気づきはあなたを成長させます。気づきが多いほど、人生も豊かになります。瞑想は、あなたを運に敏感な体質に変えることができます。

密教の瞑想の基本は、火を見つめることです。「見つめるものは見つめられている」ことから、「集中と瞑想」という相反する力を引き出すのが狙いなのです。

手軽な瞑想には入浴時間が最適です。ぬるめの湯に香りのいい入浴剤を入れ、バスキャンドルに火を灯し、湯船で炎を見つめてリラックスしてください。

水の氣と火の氣が、左脳と右脳のバランスを取り、間脳を活性化します。これが瞑想のときの脳の状態です。

今日会った相手や自分が話した言葉、想いなど、浮かんでくるままに任せ、心に起きていることをただ見つめるのです。

一日が終わる前、5分間だけ静かにそっと目を閉じて、自分の胸に意識を集めましょう。

入浴以外にも窓から夜空を見つめたり、美味しいものをしみじみ味わうのも効果的です。

本来なら瞑想は、大自然の中でゆったりと行うのが理想ですが、そんな時間が取れないときには、住まいの中に植物を増やしましょう。台所や玄関に植木鉢を置くだけで五感が刺激され、山や森に行けなくても瞑想しやすくなります。

うっとりと何かに心を奪われて、「幸せだな」「心地いいな」という感覚に包まれること。それが瞑想です。難しくはありません。

☆家の中に緑を増やして、瞑想しやすい環境をつくる

02

大きな声で運を集める

大きな声で話すことができる人は、運に好かれます。

大企業の経営者や人気タレントなど、成功者はたいていよく通る、大きな声をしています。

大きな声は自然に呼吸が深く大きくなり、自分の中のエネルギーや活力を高めるきっかけになります。

成功した人で、小声の人は滅多にいません。運がない人ほど、顔はうつむき、自信なげに小声で喋ります。小さい声でぼそぼそしゃべったり、声が聞き取れない人は、運に見放されている人です。

強いアスリートは、練習中や試合中に大きな声をあげます。あれは邪氣をはらって、勝ち運を高めているのです。

スポーツ経験者は、コーチから「声を出せ！」と言われた経験があると思います。

☆カラ元気でも、大きな声を出してみる

それは根性論ばかりではなく、結果を出すため理に適《かな》っているのです。

大きな声には実力を高めて運を招く力があります。恥ずかしがらないで、思いきり腹から声を出しましょう。気分がスッキリして、ストレス解消にもなります。

ただし、大声で言っていいのはポジティブな言葉に限ります。「つまらない」とか「疲れた」とか、ネガティブな言葉を叫ぶと、逆に運氣が落ちます。

自分と、周りの人たちが気持ちよくなる言葉をかけ声にしましょう。

03

自分の思いを言葉にまとめてみる

あなたは自分の夢や、やりたい仕事について、自分の言葉でしっかりと説明できるでしょうか？

生き方に関するブレない軸が、心の中にあるでしょうか？

心の中にあるものを言葉にするために、自分と向き合い、自分の心を見つめる時間を持ちましょう。

自分はどういう人間か、欲しいものは何かを言葉にして話ができれば、他者の心を動かすことができるようになり、協力者が現れて自己実現も早まります。

☆自分の心ととことん向き合うのが幸運への近道

04 くじびきは当たるまで引く

これは「どんなこともあきらめない」という意味です。

すぐにいい結果が出なかったり、色よい返事がもらえる見込みがなさそうなときでも、忍耐強く誠実に続けることでようやく評価されたり、相手が自分を信用してくれる、という変化が訪れます。

「運をつかめない」と嘆く人ほど本人が飽きっぽく、コロコロ考えを変えていることが多いものです。「くじは当たるまで引く」ことは「負けのままでは帰らない」ということです。負けたまま帰ると、負けグセがついてしまうので注意が必要です。

☆ 運をつかむ粘り強さを身につける

05

婚活にはホテルのラウンジがおすすめ

婚活という言葉が誕生してからずいぶん経《た》ちます。30歳を過ぎた独身男女なら、少なからず関心をお持ちなのではないでしょうか。

男性側に求められる条件は、最上位に「高い年収」があるようですが、実は女性にもあてはまります。収入の高い女性ほど、良縁がやってくるのです。

社会的地位があって、教養も高い人ほど、誠実な男性と出会うチャンスが増えるのです。

これからは女性が、組織の中で今以上に重用されます。女性も男性同様に稼げる時代です。年収の高さが、女性の魅力に加えられる時代になったのです。

それは女性にとってチャンスと言えます。努力次第で、年収は上げられます。いい男性と出会うために年収を上げる！　というモチベーションを持てば、仕事の質も上がることでしょう。

男女とも、年収の高い人と出会うには仕事を頑張ることの他に、高収入の人が出入りする場に行くことも大切です。

ちょっとお茶をしようというときも、100円コーヒーのチェーン店に行くよりは、やや値段設定の高い、ホテルのラウンジカフェに行ってください。収入の高い人たちの社交場であり、いい運氣が満ちています。

年収を上げて、ランクの高い相手と知り合える場所に行くこと。これが現代型の婚活です。

☆ランクの高い相手と知り合える場所に行く

06

どんなことも結論から入る

以前、私のもとに、ひとりの相談者がやってきました。若い女性です。結婚願望の強い方で、「早く結婚したいんです！　どうしたらいいでしょうか？」と聞いてこられました。

いちおう付き合っている男性はいましたが、優柔不断なのか、なかなか男性側が結婚話をしてくれないのだそうです。

そこで私は、「入籍日と結婚式の日取りを決めてしまいなさい」とアドバイスしました。

彼女は「プロポーズもされていないのに、勝手に決めてしまっていいのでしょうか？」と、やや納得していない様子でした。

しかし結果は、そのとおりの日取りに事が進み、見事ゴールインしたのです。

このように、事は結論から入ると成就します。答えを持って臨むと、現実は、答えの方向に動いていく性質があるのです。

結婚の場合、どれだけ待っていても願望のままでは、何も変わりません。結婚する日という結論を自分で設定すれば、氣の流れが実現へと作用していくのです。

サッカーの長友佑都《ゆうと》選手は、中学生時代にはもう、海外のビッグクラブで活躍している自分の未来を設定していたと言います。

結論ありきで動く人は、結論へ導かれるための運に恵まれるのです。

☆出口を決めると現実が動き出す

07

人を笑わせると運がやってくる

例えばビジネス上の大失敗や、立ち直れないほどの大失恋など、辛くシビアな場面でも、あなたは冗談を言うことができるでしょうか？

笑いは脳を活性化し、病人の体調を回復させたり、高齢者の心身の衰えに歯止めをかけることがわかっています。人を笑わせるのが得意な人、ユーモアが言える人、気持ちを緩めることのできる人は、現在を前向きに肯定する知性の持ち主です。

笑いのセンスがある人の周りには人が集まってきますし、その才能そのものが招運体質であると言ってもいいほどです。辛いときにも状況を茶化して笑い飛ばせる人になりましょう。そういう人の周りには、運のいい人々が集まってきます。

☆辛いときほどユーモアを忘れない

08

結果の出せる人は情報収集を怠らない

いくら努力をしても結果を出せない人というのは、情報量が圧倒的に不足しています。

われわれの方向性や成功を決めるのは情報であって、努力というエネルギーだけでは結果は出せないのです。一方、正しい情報を持った人間が努力すれば、必ず結果は出ます。

人間の本当の違いは情報力なのです。

☆成功を決めるのは努力の量よりも情報の量

09

1年前と同じ生活スタイルではいけない

もしあなたが今、1年前とまったく変わらない生活スタイルなら、運は下降線にあると言えます。

世の中には、変化を恐れる人がいます。現状を維持するほうがリスクも少ないし、楽なのですから、変化を恐れるのは当然かもしれません。

しかし、幸運な人は違います。積極的に変化を起こします。

そういう人たちは日本の歴史の分岐点となる時期に必ず現れました。

織田信長は飛び抜けた「開運体質」の武将でした。尾張の一大名にすぎなかった織田家を、驚異的な変化の力で、全国統一の第一勢力に押し上げました。

坂本龍馬も同様です。徳川幕府の命運が尽きる時代の変化を、長崎にいながら察知して、その変化の渦に自ら飛び込み、うねりを加速させました。

ふたりとも運を開く力には秀でていましたが、運を持続させる方法を取らなかったため、志半ばで命を落としてしまったのが残念です。

彼らは好奇心旺盛だったという点でも共通しています。意欲が高く、新しい発想に好んで飛びつきました。

開運体質の人は、変化を恐れるどころか大好物にしているのです。

常に自分の生き方を見つめ直し、ドラマチックな変化を自分で起こしてみましょう。

☆ 変化を待つのではなく、自分で変化を起こす

10

心の師に毎月会いに行く

「心の師」とひそかに慕っている人や、優しい厳しさであなたを導いてくれるマスターはいますか？

できれば毎月、手土産でも持ってそんな人に会いに行き、人生の悩みや疑問を率直にぶつけましょう。

これはあなたの理解力を高めるトレーニングです。

人間のストレスは、物事に対する理解が足りないことからやってきます。

しかし、心から尊敬する人が発した言葉なら、あなたは必死でその意味を理解しようと努めるでしょう。

そのとき注目したいのはその人のワザや知識ではなく、生き様です。

超一流の人だからこそ、それまでの苦労も並大抵ではないはずです。

多くの気づきをもらい、学びの足りない自分を痛感することで新たな一歩を踏み出すことができます。

自分にとっての生き方のお手本、マスターと呼べるような「真実の師」の見分け方をお教えしましょう。

師はあなたを支配しません。威圧しません。あなたに服従を要求しません。

マスターはあなたに自分自身の人生を生きることを求め、そのための課題を示します。

あなたの成長と進化を喜び、励ましてくれるような人物を見つけましょう。

☆「真実の師」から生き方を学ぶ

11

目標よりも課題に取り組む

イチロー選手はいつも「どうやったら球を打てるのか」という課題にだけ取り組んでいます。

200本安打を打とうとする数字目標より、目の前に飛んでくる球をどうやったら打てるのかという目の前にある課題をクリアーすることに専念し続け、世界的なバッターになれたのです。

仕事の課題を見つけて取り組んでいると、長く集中でき、結果を出せる人になれます。一方、目標指向の強い人はストレスでつぶれやすく、結果を出せない人になってしまうでしょう。

☆ 目標指向は息切れしやすい

12

他人の頭脳を上手く使う

結果の出せる人は自分以外の人の智慧《ちえ》や力、頭を借りようとします。

結果の出せない人は自分の力で何とかしようとして行き詰まってしまいます。

他人の頭を使うことが上手い人ほどいい運を引き寄せ、よい結果を出すことができます。

他人から多くの情報を引き出すことができるようになることが大切です。

幸運はこういう人のところに集まってきます。

☆自分ひとりで何とかしようとしない

13

誰かのために祈る

最近、他者のために祈ったのはいつでしょうか。

その人のことだけを心に描き、「幸せになりますように」と両手を合わせた記憶はあるでしょうか。

ひたすらに相手の幸福を願い、祈るとき、その人の心にはエゴを超越した感謝と愛が生まれます。

祈りを習慣にしましょう。神聖な場所は必要ありません。

ただ合掌して、「みんなが幸せになりますように。平和でありますように」と毎朝祈るだけでも充分です。祈りは心の平和をもたらします。

☆誰かの幸せがあなたに幸せを運んでくれる

14

「習慣づけ」の習慣を持つ

今までに挙げた習慣術を、これから3ヶ月間意識して実行し、自分にとって自然な「習慣」となるように行動してください。

自分自身の人生の質について考え、自分が実践したほうがいいと思うことを自覚して、生活してみてください。

3ヶ月やれば、それ以降の運氣やビジネスにおける成果がグンと変わってきます。

「習慣を繰り返すと、それがその人の性格になる」。このことを忘れないようにしましょう。

☆ 3ヶ月やれば一生が変わる

☆
松永修岳大阿闍梨のひとこと人生アドバイス
8

心の快感で脳を活性化

どうも頭が回らない、と感じるときこそ心を幸福感で満たしましょう。きれいな花一輪でも可愛いペットでもいいのです。心から「好きだ」と思えるものを身近に置いて、心地よい空間をつくりましょう。

脳は心の快感を覚えることで結果を出そうとする器官です。心が幸せならば、自然と脳のパフォーマンスは上がります。

風水術の真髄はまさにこれです。

9章 ☆☆☆☆☆☆☆☆☆☆

運は管理できる

☆運のいい人は長生きできる

運は、氣を運んでいます。だから「運」「氣」と呼ぶのです。

運氣は低い場所から高みに昇っていく、火なのです。その力をコントロールして炎へと育てるか、消してしまうかはあなた次第です。

運氣は自分で、無限大につくりだせます。

つくりだした運氣は、あなたに個性の開花をもたらします。個性の開花というのは、「自分が花開くこと」です。個性を開花させて進化していかなければ、これからの時代を幸福に生き抜くことは難しいでしょう。

運氣がよければ長生きします。寿命が長ければ、自分のすべての力を出し切って生きるチャンスが増えるのです。

例えば40代で病気で亡くなった人がいたとして、その人が生前、どんなに頑張っていたとしても、持っている力をすべて出し切れたとは言いがたいでしょう。もう少し運があればもっと長生きして、たくさんの成功をおさめられたかもしれません。

お釈迦様は80歳まで生きました。今ではそんなに珍しい歳《とし》ではありませんが、2500年くらい前の80歳は、とてつもない長寿です。

きっと素晴らしい運氣の持ち主だったのでしょう。

それぐらい生きられたら、持つ力をすべて出し切って生きることができたと言えるのだと思います。

☆「ラックマネージメント」が足りていない

交通事故で亡くなる人が、かつてにくらべて減ってきたとはいえ、年間に5000人前後います。交通ルールに違反していないのに、相手に巻き込まれ、亡くなる人も少なくありません。

不慮の事故が起きたとき、助かる人と助からない人がいます。

助かる人には、運があります。

ラックマネージメントを普段から実践していれば、助かる確率を上げることができます。

例えばテロのような緊迫したトラブルにおいても、ラックマネージメントは効果を発揮します。運を育てている人には、生き残れるチャンスがあるのです。

ラックマネージメントの世界に、努力は介在しません。普段から運を管理しているか管理していないか。その違いだけで、結果に大きな差が出てきます。ときには命さえも左右します。

災難や事故や病気に遭わないように、そして自分の力を出し切って生きるために、ラックマネージメントを心がけてください。

具体的には自分から状況を変え、新しい流れをつくりだすことです。

例えばサッカーでも、中山雅史選手や中村俊輔選手など個性のあるプレーヤーが出ると、フィールドの空気が変わります。状況を変える力、これが運です。

また政治家は、縁起を担いで、当選したときのネクタイをずっと着けることがあります。海部《かいふ》俊樹さんは、水玉の模様のネクタイにこだわっていました。あれは正しい運の管理法です。「これを着けていれば、俺は大丈夫」という意識が運を持ってくるのです。だから彼は、総理大臣にまで登り詰めました。

上手く運を管理できていれば、不運な状態から自分で離れることができます。一流のアスリートたちはそれがとても上手です。

イチロー選手はキャリアの成熟した時期に、長年在籍したマリナーズからヤンキースに移籍しました。さらなる向上を目指して、自分で環境を大きく変えたのです。トップに立てる人は変化を躊躇しません。

ずいぶん前、あるプロ野球関係者が私に「次の巨人との試合に勝ちたい。いい方法はないですか?」と訊いてきました。私は「代打を選ぶとき、調子のいい選手ではなく、今、運のいい選手を選んでください」と答えました。

代打で出場する選手は調子に波があることが多く、通常アベレージは悪いかもしれません。ところがそんな中でも、ピンチのときに瞬間的に運が強くなり、ヒットを打てる人がいます。そういう人が運のいい選手です。運のいい選手を直感力で見分けるようにとアドバイスしたのです。

するとその試合で、代打の選手がホームランを打って逆転で勝利しました。さらに、そのときの3連戦すべてで逆転勝利したのです。

運のいい人が、状況をいいほうへ変えられた好例です。

☆「変革の20年間」を生き残れ

東日本大震災では1万人以上が犠牲になり、今も行方不明の方々がいます。亡くなった方々やご遺族に、深くお悔やみ申し上げます。

あの日を境に、多くの人が「運とは何か？」を真剣に考えるようになったのではないでしょうか。

どこにいたのか。いつ避難したのか。どの避難場所に向かったのか。被災地では、ほんのちょっとした選択で生死が分かれました。

あのような大きな災害では、人の意思や、努力は無意味です。どうしようもない、運の力が作用しています。

風水では、西暦２００４年から２０２３年までの20年間は、「変革の20年間」です。歴史上にない、前例のないことが続きます。

東日本大震災の他、急激な政権交代や、ｉＰＳ細胞など最先端医療などがその兆しだと思われます。

今後はさらに、運のいい人と、悪い人との仕分けが進むでしょう。

運のいい人は、変化の時代に生き残れます。前例のないことに直面したとき、正しく判断して、正しい選択ができます。

それがラックマネージメントです。

リスクマネージメントは前例のあることにしか適用できません。これからは前例のないことがどんどん起こってくる時代です。

幸運を持続でき、よりよき社会をつくる人が時代に必要なのです。

運を得ることで終わらず、運を管理して大きく育てる能力があらゆる場面で求められます。

大きな組織やルールに従っていれば、安全に生きられる時代は、終わりました。

自分の人生は、自分でリーダーシップを取ること。個人で選択して、個人で判断することが運を鍛えます。

あらゆる判断を自分で下し、変化に適応していくことができる運のマネージメントが必要です。

これから成功し、幸福な人生を送りたければまず「いかに災難に遭わずに済むのか」「いかに病気にならずに済むのか」が重要になります。

そのためにラックマネージメントが必要なのです。

【著者紹介】

松永修岳（まつなが・しゅうがく）

岐阜県養老郡生まれ。経営戦略コンサルタント。「運」の専門家。ラックマネージメント・フォーラム代表。㈳日本建築医学協会理事長。空海密教大行満大阿闍梨。19歳のころより奇門遁甲、風水、四柱推命などの運命学を学び、さらに東洋医学、哲学、心理学などの分野についても研鑽を重ねる。数々の修行・荒行を経て、究極の荒行と言われる千日回峰行で開眼する。

脳科学や心理学、環境科学と「風水」を融合した『風水環境科学®』、そして奇門遁甲などの運命学と科学を統合した独自の理論体系『ラックマネージメント®』を駆使し、上場企業をはじめとするさまざまな企業の経営戦略を指導している。また、著名なアスリート、格闘家や大臣、元大臣など国会議員をはじめとする政治家のアドバイザーも務める。

『運の管理学』『女の運の磨き方』『運に好かれる人、見放される人』『幸せが舞い込む「ゆる片づけ」の本』『心訳 空海の言葉』『空海の財運術』など、著書多数。

運がよくなる 月の習慣、太陽の習慣
もっともっと成功できる91の生き方術

2013年8月25日　第1刷発行
2014年5月15日　第2刷発行

著　者　松永修岳
発行人　見城 徹
編集人　福島広司

GENTOSHA

発行所　株式会社 幻冬舎
〒151-0051　東京都渋谷区千駄ヶ谷4-9-7
電話　03(5411)6211(編集)
03(5411)6222(営業)
振替00120-8-767643
印刷・製本所:株式会社 光邦

検印廃止

Printed in Japan
ISBN978-4-344-02444-1　C0095
幻冬舎ホームページアドレス　http://www.gentosha.co.jp/

この本に関するご意見・ご感想をメールでお寄せいただく場合は、
comment@gentosha.co.jpまで。